OEUVRES
POSTHUMES
DE
FRÉDÉRIC II,
ROI DE PRUSSE.
Sixième Édition.

POÉSIES.

TOME I.

A POSTDAM,

AUX DÉPENS DES ASSOCIÉS.

1805.

ŒUVRES
POSTHUMES
DE
FRÉDERIC II.

TOME VII.

POÉSIES
ADRESSÉES
À
Mʀ. JORDAN;
DE L'ARMÉE, PENDANT LES CAM-
PAGNES DE 1740, 1741, 1742, &c.

ÉPITRE I.

A

MONSIEUR JORDAN.

Jordan, cher atome fceptique,
Dont le regard perçant de lynx
Et la rigoureufe critique
Te fait du peuple poëtique
Plus craindre qu'à Thèbes le fphynx:
Voici de nouveaux bavardages,
Que ton efprit judicieux
N'eftimera point comme ouvrages
D'un didactique férieux.
Ma Mufe badine & volage,
Au lieu d'imiter le ramage
De quelque cygne harmonieux,
Se contente dans fon jeune âge
D'un chant aifé moins ennuyeux.
 Qui n'a point l'art comme Voltaire
De prendre fon vol jufqu'aux cieux,
Doit humblement rafer la terre,
Cédant aux plus audacieux,
L'art de l'oifeau porte-tonnerre
Qui plane & vole au haut des airs,
Tandis que le ferin en cage,

Malgré la prison & ses fers,
Sait goûter au moins l'avantage
De plaire par son gazouillage.
Tiens, je t'abandonne mes vers :
Corrige, efface, ajoute, lime;
Ne crains point qu'ils soient à couvert
D'un amour-propre follissime.
Je te verrois la plume en main
Rigoureusement les détruire,
Avec le sang froid du romain
Qui brûla sa main sans rien dire.

Vous aurez la bonté de me renvoyer ma pièce avec vos remarques ce soir. Adieu, Mars m'appelle.

ce 9 de Mai 1739.

ÉPITRE II.

Au camp de Molwitz ce 16 de Mai 1740. *

Pour le coup je vous reconnois,
Et votre esprit se manifeste
Par la façon légère & preste
Dont vos aimables vers sont faits.
Que votre grande ame alarmée
Sans peur chemine vers l'armée;
Vous n'y trouverez, sur ma foi
Aucun hasard, point d'embuscade,
Et très-paisiblement chez moi
Vous pourriez boire rasade.

* Dans l'édition 1789 sans lieu d'impression cette Épitre est placée au 16 mai 1741

Si cet appât insuffisant
N'est pas ce qui vous détermine,
Sachez qu'à Brieg on voit par cent
Des bouquins rongés de vermine,
Et de ces gros in-folio
Ornés de pédantesque mine ;
De ces livres vraiment brutaux
Dont on vous casseroit l'échine,
Et qui font le charme des sots.
Si tout ceci ne peut vous plaire,
Je vous garantis le plaisir
Que le long du jour à loisir
Vous n'aurez rien du tout à faire.
Tenez, je vous offre à l'encan
Tous les charmes de notre camp ;
Car pour vous tenter par la gloire,
Mes vers arriveroient trop tard ;
Vous qui long-temps avez eu part
Au temple immortel de mémoire.

ÉPITRE III.

A Wésel, ce 7 Septembre 1740.

De ma chétive infirmerie
A votre superbe hôpital,
Salut à votre Seigneurie,
A son air grave & magistral.
La fièvre qui me persécute,
M'arrête ici cruellement ;
De quatre en quatre jours je lutte

Contre son triste acharnement.
Algarotti, Dieu du génie
Et de la bonne compagnie,
Dissipe mes désagrémens,
Et Maupertuis qui le seconde,
Pétrit & applatit le monde,
Afin de distraire mes sens.
Cependant ma rude ennemie
Revient toujours à pas pesans
Ronger la trame de ma vie
Avec ses sanguinaires dents.
Tu fais que du Dieu d'Épidaure
Je ne fus jamais sectateur,
Et que convaincu de l'erreur
Que l'ignare vulgaire adore,
J'ai ri du dupé, du trompeur.
Ainsi, bien qu'elle s'en offense,
Je néglige la faculté,
Et je laisse à ma tempérance
Tout l'embarras de ma santé.

Je ne sais quand la fièvre me passera, mais elle commence pourtant à diminuer, ce qui me donne bonne espérance qu'elle me quittera bientôt. Pour toutes vos belles nouvelles, je n'en ai aucune autre à vous dire, sinon que je compte de voir Voltaire dimanche. Comme je ne saurois voyager, j'espère qu'il se rendra ici. Je partirai jeudi pour Hamm. J'irai lentement, si la fièvre ne me quitte; mais si je m'en défais, j'arriverai plus promptement. Adieu, cher Jordan,

Que le Ciel veuille préserver
De malheur & de maladie,
Pour qu'on puisse le retrouver
Gai, content & rempli de vie !

ÉPITRE IV.

Au camp de Grotkau, ce 5 de Mai 1741.

Déja vous tremblez à Breslau,
Lorsque nous marchons à Grotkau,
Et les sièges & les batailles
Vous attendrissent les entrailles.
En un mot, paisible Jordan,
Jamais aucun lièvre en son gîte
Ne s'apprête à courir si vite
Que vous quand vous levez le camp.
 Mais raisonnons, je vous en prie,
Que devient donc en ce moment
Cette grave philosophie
Dont vous nous parlez si souvent,
Et ce stoïcisme insolent
Qui vous fait mépriser la vie
Quand le danger n'est pas présent ?
Le canon gronde, & son tonnerre
Ébranle le fond de la terre,
Il tombe une grêle de fer,
Le plomb vole & remplit tout l'air,
Et la mort qu'enfante la guerre,
Ouvre un gouffre tel qu'un enfer.
Il sort une flamme infernale

De cette gueule triomphale,
Qui porte la destruction.
Ici c'est le feu de Bellone,
Et plus bas le glaive moissonne
Sans pitié, sans compassion.
  Tel qui dans le sein de la flamme,
De la mort, de mille dangers,
Garde la tranquillité d'ame
Égale aux objets étrangers,
Mérite en effet l'apostrophe
De vrai sage & de philosophe ;
Les autres sont des imposteurs.
  Voyez donc, Messieurs les auteurs,
Qu'elle est la grande différence
Du solide & de l'apparence ;
Combien les dehors imposteurs
Sont différens de l'évidence !
  Dans vos studieuses erreurs,
Au fond d'une bibliothèque,
Vous faites très-bien les docteurs ;
De votre valeur intrinsèque
Le danger peut nous éclaircir ;
Il paroît, on vous voit courir.
Nous, plus forts d'esprit que ces sages,
Nous opposons à ces orages
Le flegme & l'intrépidité.
Que tout périsse & se confonde,
Que tout se bouleverse au monde,
Rien n'ébranle ma fermeté

C'est ainsi que d'un camp très-guerrier je prends la liberté de saluer votre sapience. Le compliment que vous fait ma Muſe, ſent un peu ſon militaire; mais vous y trouverez du vrai, & je vous prie par parenthèſe, de vous ſouvenir que la vérité a toujours été ma maîtreſſe. Lorſque je me mêlerai de courtoiſie, ma Muſe vous fera un compliment plus obligeant. En attendant je vous prie de croire que je n'en ſuis ni plus ni moins

votre admirateur & ami.

ÉPITRE V.

Au camp de Molwitz, ce 6 de Mai 1741.

J E vous écris de ce beau camp
Où tout le danger qu'on y trouve
Exerce la valeur, l'éprouve;
Où mille Mirmidons de Mars,
Autrement nommés les houſards,
Viennent vingt fois dans la journée
Nous ſouhaiter la bonne année;
Où la bombe & la batterie
Vers Brieg font un feu de furie.
Or donc dans ce camp ſi terrible,
Où tout ſemble annoncer la mort,
Nous vivons tranquilles, paiſibles:
Tout ce qui reluit n'eſt pas or.

Vous voyez, Monſieur, par les belles choſes que j'ai l'honneur de vous dire, qu'on peut prendre la peur à tort; c'eſt ce qu'on appelle être poltron en pure perte. Je m'étois flatté juſqu'ici, mais ſans fondement, que j'aurois de vous une apparition béatifique; mais les dangers nous ſéparent ſi bien, que je crains de ne vous pas poſſéder de ſitôt. On débite que votre dernier voyage vous a cauſé de ſi grandes incommodités, que les médecins de Breſlau ont été obligés d'uſer de tous les aſtringens poſſibles, pour arrêter les effets que votre grande prudence avoit opérés ſur votre tempéramment.

Vous n'ignorez plus que la ville de Brieg s'eſt rendue; nous l'avons trouvée entourée de mines & de fougaſſes. Vous êtes bien heureux d'avoir évité l'aſſaut général, ſans quoi à califourchon ſur une bombe on vous auroit vu arriver en paradis. Hélas! pauvre Jordan, qu'eût dit alors le bel Horace, votre bibliothèque, Margot de la plante &c?

Pour ne vous pas diſtraire plus long-temps de votre laborieuſe étude, je finis une lettre que vous trouverez peut-être déjà trop longue, en vous aſſurant qu'une autre fois j'uſerai plus du *vertatur ſtylus*. Soyez perſuadé que malgré tous les petits reproches que je viens de vous faire, on vous eſtime autant dans mon camp qu'on pourroit vous priſer au Portique ou au Lycée, & que dans mon petit particulier, les qualités de l'ami effaceront les défauts du poltron. Adieu.

ÉPITRE VI.

Au camp retranché de Molwitz,
Endroit où mortier, ou haubitz,
Où canon, où fufil décharge,
Et d'où Jordan gagna le large.

Comment ! vous prenez gravement
Mes vers, mon épître volage ?
Je vous connoiffois autrement ;
Vous me trompez, c'eft grand dommage.
Le ton léger du badinage
Vous auroit-il paru mordant ?
Si l'efprit pèche, c'eft l'ufage ;
Mais le cœur eft très-innocent.

C'eft ainfi que je répons à la très-férieufe lettre que vous venez de m'écrire. Je ne fuis pas aujourdhui d'humeur affez atrabilaire pour m'affliger d'un malheur qui n'exifte pas encore, & je plains votre efprit de tout mon cœur des tourmens inutiles qu'il vous caufe.

C'eft plutôt quelque vent malin,
Qui s'arrêtant dans fon chemin,
Ou cheminant avec pareffe,
Dans votre corps fait le lutin,
Et vous angoiffe & vous oppreffe.

Voilà ce qu'en dit la faculté ; c'eft à votre garderobe d'en décider, car je crois qu'en ces fortes d'affaires elle peut paffer pour juge compétent.

Si vous ne jugez pas à propos de promener vos hypocondres, ni de vous crotter comme un barbet, vous ferez admirablement bien de rester à Breslau.

Je n'ai à vous parler depuis quelques jours que de pluie, de neige, de grêle & de mauvais temps; il n'y a pas là de quoi vous mettre de bonne humeur; mais j'y renonce, car je n'y réussirois pourtant pas.

Je suis, ni plus ni moins, un des plus zélés amis de Mr Jordan. Adieu.

ce 9 de Mai 1741.

ÉPITRE VII.

Au camp de Molwitz, ce 13 de Mai 1741.

Non, ces vers ne font qu'empruntés,
Cela ne s'appelle point rire;
Vos esprits n'étoient pas montés
Pour plaisanter ni pour écrire.
J'aime mieux vos vivacités
Et votre mordante satire
Que ces belles moralités
Qu'un autre avant vous a pu dire.
   Vous êtes aimable & charmant
Dites ce que votre ame pense;
Il nous suffit de l'agrément
Dont elle fera la dépense:
Tout fera nouveau, naturel,
Assaisonné de ce bon sel
Que produisit jadis Athènes.

Et que plus d'un favant par haine
Mafque des horreurs de fon fiel.
 Hélas ! quittez donc par fageffe
Ce grave & froid raifonnement,
Ennuyeux affaifonnement
De notre infipide vieilleffe,
Et laiffez au calculateur
Qui diftinguant, & fomme, arguë;
Et qui flottant parmi l'erreur
Croit que chacun a la berlue,
L'avantage fi peu flatteur
De fon algèbre qui le tue.
N'oubliez donc pas qu'en effet
Il faut profiter de la vie,
Que c'eft là ma philofophie,
Comme ceci votre portrait.

 En vérité, Monfieur d'un autre monde, penfez donc enfin que deux lettres joviales ne fuffifent pas pour convaincre la chrétienté de votre bonne humeur, & qu'il faut de la continuation à vos charmes. Puiffiez-vous demeurer à Breflau tant que la peur vous y retient, puiffe l'ennemi être auffi timide que vous, & moi avoir toujours l'avantage de votre amitié ! Ce font les vœux de celui qui à l'honneur d'être, très-prudent, très-grave, très-favantiffime Jordan,
 Monfieur,
  De votre Doctiffime fapience
   Le très-religieux admirateur.

ÉPITRE VIII.

Au camp de Freywalde, ce 13 de Juin 1741.

Vif, ou plutôt fort pétulant,
Vous voulez donc, mon cher Jordan,
Quitter les champs de Siléfie ?
Quel peut être dans votre plan
La raison qui vous y convie ?
Vous êtes trop bon courtisan
Pour me dire de votre vie
Que c'est chez nous où l'on s'ennuie ;
Mais rempli de sincérité,
Charmant Jordan, je vous en prie,
Dites ici la vérité.
N'est-ce pas la bibliothèque
Dont l'attrait puissant & vanté,
Le bel Horace ou le Sénèque,
Ou peut-être quelque beauté,
Dont l'enchantement vous attire ?
Et lorsque votre cœur soupire,
Trop sensible à la volupté,
C'est pour vous trop peu que d'écrire.
Car après tout, votre hôpital,
Rempli d'extravagans qu'on lie,
Sinistre & funeste arsenal
Des misères de notre vie,
Ce lieu si triste & si fatal
Ne vaut pas notre compagnie.
Ce n'est que la légéreté

Des François, engeance frivole,
Suprême & despotique idole,
Votre unique Divinité,
Dont les charmes & l'inconstance
Vous font penser que dans l'absence
Gît toute la prospérité.
J'ai cru, moi, dans mon innocence,
Que dans l'art de la jouissance
Se trouvoit la félicité.
Jordan, j'apprends à te connoître :
Si tu logeois au paradis,
Pour mieux trouver le vrai bien-être,
Par changement tu voudrois être
Dans l'enfer auprès des maudits.

Voilà tout ce que j'ai à vous dire en vers; ce que je vous écris en prose n'est pas moins vrai, & j'ose vous assurer qu'il est bien difficile, pour ne pas dire impossible, de trouver un endroit où vous seriez d'accord de vous tenir en repos. Nous partirons dans peu de notre camp pour aller à Strehlen, il ne s'agit ici d'ailleurs que d'affaires de housards.

Adieu, cher Jordan. Mes respects au Portique, au Lycée. Ma philosophie est la très-humble servante de la vôtre, comme je suis moi votre très-humble serviteur.

ÉPITRE IX.

Ce 1 de Juillet 1741.

D'un brin de raifon, dans ce camp,
Qui ne vaut pas un fol la livre ;
Ce fot monde s'applaudit tant,
Que pour l'être moins il s'enivre.
   Le fage & libertin Jordan
Veut cette épigramme en préfent.
Quelle diftraction extrême !
Car il oublie en ce moment
Qu'il en eft le fujet lui-même.

ÉPITRE X.

Fait au camp de Strehlen, ce 12 d'Août 1741.

Lorsque les bleds fauchés, la cohorte ennemie
   Effayera quelques hafards,
    Tu peux, pour affurer ta vie,
Eviter l'ennemi, te fouftraire aux houfards
Dans les murs de Breflau, centre de Siléfie ;
   Mais tant que le farouche Mars
   Exaltera notre furie,
   Tranquille en ta philofophie
   Tu peux compter que mes égards
   Pour ta docte poltronnerie
   Te fauveront chez les beaux arts,
Avant que le péril & la peur t'y convie..

EPITRE XI.

ÉPITRE XI.

Au camp de Reichenbach, ce 30 d'Août 1741.

Vous nous croyez dans ces combats
Que votre valeur n'aime pas;
Et vous penfez que notre armée,
Dans fon courroux trop animée,
Difperfe dans ces champs épars
L'Autrichien & fes houfards.
Tout doucement, Monfieur le fage,
Sachez qu'on fait cent argumens
Plutôt qu'on ne gagne avantage
Sur des ennemis vigilans.
Attendez donc pour voir éclore
Ce beau foleil de notre aurore
Que nous favorifent les vents.
Tout pilote pour faire voile
Guette les plus heureux momens,
Que le fecours des élémens
Le feconde en enflant la toile.

Ce font ces momens favorables que nous attendons pour ne point manquer notre coup. Je tiens nos arrangemens prefque certains, & je préfume qu'en jouant à jeu fûr, on ne m'en faura pas plus mauvais gré.

Nous avons ici le plus beau camp de la Siléfie; cela forme le plus fuperbe payfage du monde, dont la belle & nombreuſe armée qui y campe ne fait pas le moindre ornement.

Adieu, ami Jordan. Faites mes complimens à la philoſophie, & dites-lui que j'eſpère de la revoir au quartier d'hiver. Je vous prie de dire aux belles-lettres que c'eſt là le rendez-vous que je leur donne, & que pour avoir ſuſpendu leur commerce pour un temps, je ne prétends pas le finir, mais le reprendre avec plus de goût & de plaiſir lorſque la campagne ſera terminée.

Je ſuis de ta candeur, de ton ſavoir, de ta philoſophie, & ſur-tout de ton bon commerce.

Le grand admirateur & ami.

ÉPITRE XII.

Au camp de Reichenbach, ce 2 de Septembre 1741.

Quand le grand négociateur
 De l'anglicane politique
Sera plus penaud qu'un fondeur,
Renvoyé ſans avoir étalé ſa boutique
 Au défunt viennois Empereur;
 Lors dans ma lanterne magique
 L'Anglois connoîtra ſon erreur :
D'abord ſe confeſſant, prenant le viatique,
 Le ſublime médiateur,

Rénonçant en Europe à toute fa grandeur,
   Rendra fon ame en Jamaïque,
   Et de notre légiflateur
   Deviendra paifible Cacique.

   C'eft une prophétie que j'ai trouvée dans les centuries de Noftradamus ; je vous la donne pour ce qu'elle me coûte, s'entend pour une réponfe de votre part, qui ne laiffera pas d'être charmante ; elle me payera au double de la dépenfe que j'ai faite, & elle me payera au centuple, fi vous m'y donnez des affurances de m'aimer toujours. Adieu. Envoyez l'incluse à Voltaire.

ÉPITRE XIII.

Au camp de Reichenbach, ce 7 de Septembre 1741.

Ami, demain nous décampons :
Ni tous les faints, ni le grand diable,
Ne favent point où nous allons ;
Mais vous, mon confident aimable,
Je vous apprends que nous ferons
   Dans peu le fiége défirable
Du fort de Neifs que nous prendrons.
   Si la voix de la renommée
Vous informe dans vos cantons
Que notre floriffante armée
Vainquit aux champs Siléfiens

  Ces orgueilleux Autrichiens,
  Que votre grande ame alarmée
  Ne craigne pas pour mes destins.
   Quiconque enchaîne la victoire,
  Doit en en poursuivant le cours
  Sans peur sacrifier ses jours
  Au laurier brillant de la gloire.
  Si du sort l'éternelle loi
  Précipite dans la nuit noire
L'ombre de votre ami, l'ombre de votre Roi,
Qu'au moins le souvenir de cette ombre légère
Long-temps après ma mort vous soit récente & chère.

  Je vais faire divorce pendant quelques jours avec les Muses; mais comme ce que nous allons faire à présent achève de nous assurer la tranquillité en Silésie, & que cette opération sert de base à nos quartiers d'hiver, j'en ai la réussite extrêmement à cœur.

  Adieu, cher Jordan. Ne m'oublie pas, & sois bien persuadé de l'amitié que je conserverai toute ma vie pour Messire Charles Etienne. Ainsi soit-il!

ÉPITRE XIV.

Au camp de la Neisse, ce 15 de Septembre 1741.

De Neiss, Jordan, je vous écris
Que ce projet qu'enfanta ma prudence,
  Ami, n'a pas mieux réussi
Que le rocher qui fit une souris.
Vous connoissez la lente suffisance
De ce Mentor à qui dans mon enfance
  Le soin de mes jours fut commis ;
  Par sa flegmatique indolence
  Neuperg avec nos ennemis
Ont prévenu l'instant d'être surpris.
  Malgré ce contre-temps funeste,
  Je poursuis mes premiers desseins ;
Vienne dans peu doit jouer de son reste,
J'en ai mêlé les cartes de mes mains,
Et dans ce mois où la feuille fanée
  Annonce la fin de l'année,
  Mars ramenant la douce paix
  Dont la campagne fortunée
De Berlin fait le centre des attraits,
Nous goûterons l'heureuse destinée
  De gens sans guerre & sans procès.

Nous sommes ici vis-à-vis de l'ennemi & très-près les uns des autres. Neuperg n'ose... devant nous, sans craindre que nous ne l'entendions, de sorte que la bataille est plus vraisemblable que jamais. Nous avons le plus beau camp du monde, & ces deux armées qu'on apperçoit d'un coup d'œil, femblent deux furieux lions couchés tranquillement chacun dans leur repaire.

Ecrivez-moi fouvent, & foyez perfuadé que l'amitié que j'ai pour vous eft inviolable. Adieu.

ÉPITRE XV.

Au camp de la Neifse, ce 17 de Septembre 1741.

Petit Parthe toujours poltron,
Qui ne favez que par la fuite
Vous dégager de la pourfuite
De l'amour féduifant & du houfard fripon ;
Normand dans vos difcours, furtout lorfqu'à la lutte
Deux jouteurs d'argumens échauffent la difpute ;
Vous ne dites ni oui ni non,
Quand vous craignez qu'on vous réfute :
Vos adroites raifons que vous jugez en butte
A de bien plus forts argumens,
S'échappent comme des ferpens.

Ce font les avantages que vous procure l'Académie, qui combat en cédant & qui n'affirme rien.

Votre requête eft très-jolie, mais peu acceptable, d'autant plus que je me flatte de vous voir ici dans peu de jours en toute fûreté, lorfque nous ferons le siège de Neisse & que Neuperg aura décampé.

Mes complimens à Pœllnitz. Dites à Voltaire que s'il n'avoit rien à faire à Bruxelles, il me feroit plaisir de venir en Novembre ou Décembre à Berlin. Marquez-la même chose à Maupertuis. Adieu, *Jordane Tindaline.* Aime-moi toujours & sois persuadé que *ego sum totus tuus. Vale*

ÉPITRE XVI.

Au quartier général de Neintz, ce 25 d'Octobre 1741.

JORDAN, quand votre ame légère,
Un jour aura rompu les liens
Qui la retiennent prisonnière
Dans votre corps chez les humains,
Alors sa vertu passagère
Changeant & d'état & de nom,
Ira fournir la carrière
D'un tendre & paisible pigeon,
Tenant en bec branche d'olive;
Non loin de la natale rive
Vous vous pavanerez en paix :
Et si, colombe fugitive,
Vous alliez périr par les traits
Que d'une main toujours active
Le chasseur lance avec succès,
Alors votre pauvre ame errante,

Habitant nouvelle maifon,
Choifira la troupe bêlante
Pour fe changer en doux mouton.
Jamais autre métamorphofe;
Et fur mon falut je réponds,
Que de tout être qui compofe
Le monde que nous habitons,
Votre ame en fa métempfycofe
Exclura fur toute autre chofe
L'aigle, le cancre & les lions.

Votre plume débonde de ce dont votre cœur eft plein. Vous voulez la paix à toute force, & par malheur vous ne l'aurez pas; mais je vous promets en revanche une prompte fin de campagne. Venez ici le 27 au plus tard, je veux vous parler; après quoi il dépendra de vous de prendre les devans pour Berlin.

Berlin, où les arts réunis
Rappellent de l'antique Grèce
Les favans & pompeux débris,
Berlin, dont les puiffans abris
Surent couvrir votre jeuneffe,
Où la paix habite en Déeffe,
Qu'entoure mainte forterefle
Affurant fon facré pourpris;
Berlin, où gît votre maîtreffe,
Votre cœur & tous vos efprits,
Berlin, dépôt de vos écrits,

Seul témoin de votre sagesse,
Ce Berlin votre paradis.

Vous y retournerez donc dès qu'il vous plaira, pourvu que vous me promettiez de m'aimer toujours & d'être sûr du réciproque de mon côté. Adieu.

ÉPITRE XVII.

A Grofsbitifch, ce 11 de Février 1742.

D'un manoir bien peuplé de saints,
Dont l'habitant simple & crédule
Au saint père baise les mains,
Ou bien aussi la sainte mule,
Où règnent encor les sorciers,
Et tous les antiques vertiges
De vampires, de vains prodiges,
Depuis long-temps bannis de nos quartiers;
D'un gîte où la plus noire envie
En vérité n'envîroit rien,
Où je ne ferois de ma vie,
Si la gloire, cette folie,
Ne m'en eût frayé le chemin.

De l'endroit le plus diabolique de la Moravie, & de l'Europe entière, des chemins les plus détestables, de la fatigue la plus insupportable, revenu un moment à moi-même, je vous écris pour vous montrer que je n'oublie pas au milieu de mes travaux, le plus laconique des griffonneurs. Mandez à Maupertuis que mon voyage de Moravie lui préparera celui de Berlin, ce qui prouve bien l'axiome de Wolff, que tout eſt lié dans le monde. Cette connexion ici eſt véritable, mais je ne ſais pas ſi chacun la devinera. En un mot la paix ramènera chez moi tous les arts & toutes les ſciences. Dites à Maupertuis que je me réſerve alors à lui témoigner ma reconnoiſſance du paſſé.

Ecris-moi des lettres de ſix cahiers, bavarde beaucoup, & mande-moi tout ce qui te paſſera par la tête.

Adieu au plus aimable & au plus quinteux mortel de Berlin. Souviens-toi quelquefois du philoſophe guerrier qui ſoupire après Rheinsberg & ſes amis.

ÉPITRE XVIII.

A Sclowitz, ce 19 de Mars 1742.

J'AI reçu votre ſeconde lettre en vers & en politique; elle eſt charmante, & je crois qu'il n'y a que vous qui puiſſiez dire de jolies choſes ſur ***. Cependant cela n'eſt pas étonnant; car vous poſſédez parfaitement bien cette matière & l'on voit même que vous ſentez ce que vous dites.

A Vienne fur les toits perchés
Et s'armant de longues lunettes
Les gens à la cour attachés
Lifent leur fort dans les planètes.
Une comète s'eft fait voir.
Le fexe, qui veut tout favoir,
Demande, comment l'a-t-on vue ?....
Très-flamboyante & chevelue.
L*** dit, fe laiffant choir :
„ Dans fa queue étoit mon efpoir;
„ On n'en voit point, je fuis perdue.

De là les politiques concluent que le moment fatal à la maifon d'Autriche ne tardera guère à venir & que tout eft perdu pour eux.

Il eft bien fûr que nous aurons une bataille; il fe pourroit même que ce fût l'anniverfaire de Molwitz. Je ne vous dis point ceci pour vous effrayer, mais parce que la chofe eft vraie & qu'elle ne fauroit manquer. J'ai meilleure efpérance que jamais, & je crois être fûr de mon fait, autant qu'on peut l'être en chofes humaines.

Envoyez-moi un Boileau, que vous acheterez en ville; envoyez-moi encore les lettres de Cicéron depuis le tome III jufqu'à la fin de l'ouvrage, que vous acheterez de même; il vous plaira de plus d'y joindre les Tufculanes, les Philippiques, & les Commentaires de Céfar.

Adieu, Jordan. Je vous embraffe de tout mon

cœur, en priant Dieu de vous avoir en sa bonne & sainte garde. Mes complimens à mes amis.

ÉPITRE XIX.

A Sclowitz ce 23 de Mars 1742.

JE n'ai jamais autre chose à vous dire qu'à me louer de vos lettres.

On y trouve de ce bon sel,
Epice de qui fait écrire ;
On y trouve de la satire,
Du sublime & du naturel,
Et ces vers qu'avec nonchalance
Vous faites en dépit de l'art,
Se ressentent de l'éloquence
De ceux qui boivent le nectar.

J'ai vu ce que vous nous prédisez si savamment à l'égard de la comète qui vient de paroître. Maupertuis a pris la fièvre chaude, de cette comète qu'il n'a pas annoncée comme de règle, & qui a eu le front de se produire sans certificat ni passeport des astronomes.

Chacun là-dessus fait sa glose ;
L'un nous pronostique la paix,
L'autre craint beaucoup pour la chose
Qu'étayent Messieurs les Anglois,

Pour moi, je crois le ciel plus sage,
Il ne s'enquiert de notre rage,
Ni de tous nos petits procès.

Nous vivons fort laborieusement & philosophiquement à Sclowitz. J'attends bien impatiemment Cicéron, dont la lecture me convient si fort dans les circonstances présentes.

Le saint & vénérable Empire
De l'Empereur qu'il vient d'élire
Croit être l'auteur tout de bon;
Ou du Danube ou de la Seine
Lequel d'eux le triomphe entraîne,
Il en payera la façon.

C'est ce qui paroît d'autant plus que l'on doit s'attendre à voir la Reine de Hongrie accablée encore par l'Empire.

Tel un sanglier belliqueux,
Quand des chiens la troupe ennemie
L'assaillit, attente à sa vie,
Les repousse long-temps, mais succombe sous eux.

Je ne sais quel vertigo il a pris à Pœllnitz d'aller à Francfort sans ma permission; ce garçon n'a que de l'esprit, & pas pour un sou de conduite.

Comment à cinquante ans être encor hanneton?
L'omoplate voutée, hypocondre & cynique,
Du ponant jusqu'au sud étendre sa critique?
Dieu! dans quel âge enfin lui viendra la raison?

Le Cardinal de Fleury n'eſt pas mort comme vous le croyez; il eſt plein de vie & de ſanté. Penſez donc à quelque autre événement que le prophétique phénomène aura ſignifié.

>Le monde eſt également fou,
>Ridiculement où vous êtes
>L'on fait influer les cometès;
>Jordan, c'eſt tout comme chez nous.

Adieu, mes complimens à tous mes amis & amies. Penſez aux abſens, dormez tranquillement en dépit des haſards que nous affrontons; aimez-moi toujours & ſoyez ſûr de l'amitié que j'ai pour vous.

ÉPITRE XX.

A Sclowitz, ce 2 d'Avril 1742.

DE votre fauteuil velouté
Que votre Muſe érige en Pinde,
D'où vous jugez en liberté
Du Manſanarès juſqu'à l'Inde
Sur l'humaine fragilité,
Vos vers & votre aimable proſe,
Cher Jordan, me font parvenus;
Ce font ici mes revenus,
Et mes galions du Potoſe.
Quand le poſtillon trop tardif

N'apporte point de vos nouvelles,
Je voudrois du temps fugitif
Que vous puiſſiez avoir les ailes ;
Du moins que votre eſprit actif
Me détachât de ſes parcelles,
Afin de rapetaſſer celles
De mon eſprit lourd & chétif.
Plongé dans la mélancolie,
Je forme de lugubres ſons,
Et je détonne les fredons
De l'aſſoupiſſante élégie ;
Je fréquente les lieux cachés,
Les ſombres forêts, les rochers :
Soyez touchés de ma ſouffrance,
Echo, répète mes accens,
Jordan, c'eſt ta cruelle abſence
Qui cauſe ici tous mes tourmens,
Dis-je ; & les échos triſtement
Répondent à ma doléance.

 Une comète s'eſt fait voir,
Me dit-on, & quelque aſtrologue
Aſſure que c'eſt le prologue
Du jour où ſelon mon eſpoir
De ce Jordan ſi fort en vogue
Chez laïque & chez pédagogue
Je jouirai de l'aube au ſoir.
Quel ſabbat, quelle ſynagogue,
Lorſque nous pourrons nous revoir !

 Tu te couronnes de roſes,
Dans les jardins d'Anacréon
Toutes nouvellement écloſes ;
Tu nous diras de belles choſes,

Comme nous auroit dit Maron;
Quand le vin lui portoit au crâne,
Que fon Apollon furieux
Lui faifoit chanter la tocane
A la table des demi-Dieux.

En attendant ce jour-là, quelques feaux d'eau s'écouleront encore par la Morave : cependant il n'en fera ni moins défiré ni plus vivement fenti lorfqu'il arrivera.

Nous fommes à la veille de forts grands événemens; il eft impoffible de les pronoftiquer; mais il eft fûr que nous apprendrons dans peu de ces grandes nouvelles qui changent ou fixent la face politique de l'Europe. Penfe un peu au pauvre Ixion, qui travaille comme un forçat à cette grande roue, & fois perfuadé que jamais fortune ni malheur, fanté ni maladie, principauté ni royaume ne me feront rien changer à l'amitié que j'ai pour toi. Adieu.

ÉPITRE XXI.

A Sclowitz, ce 3 d'Avril 1742.

Pour aujourd'hui je n'ai pas à me plaindre de votre bavardage, mais bien de ce que vous parlez beaucoup de l'univers & très-peu de Berlin. Je voudrois

voudrois que vous me diffiez des nouvelles de ce qui fe paffe chez vous, parce qu'elles intéreffent beaucoup ma curiofité.

Les nouvelles d'ici font que les Autrichiens font les incendiaires dans leur propre pays ; il ne fe paffe pas de jour qu'ils ne brûlent deux ou trois villages.

> La foibleffe & l'envie,
> La haine & la fureur
> Arma leur main impie
> Du flambeau deftructeur ;
> Ainfi la trifte Moravie
> De Troie effuyant le deftin,
> Périt victime de Vulcain.

Vous badinez fpirituellement fur la gloire & fort à votre aife, travaillant cependant avec beaucoup de foin pour votre réputation, & vous voulez que d'autres reftent les bras croifés fans rien faire.

> C'eft, Jordan, votre bon exemple
> Qui m'anime à remplir la carrière d'honneur ;
> Les lauriers d'Apollon vous ceignent dans ce temple,
> Les chênes verds de Mars feroient un falaire ample
> Pour votre petit ferviteur.

Laiffez-moi les chênes & jouiffez des lauriers, & permettez que mon ambition faffe fon chemin comme la vôtre dans des carrières très-différentes.

Tome I. * C

Vous vous servez de l'appât du plaisir, pour me conduire de cette aimable voie vers la paix, plus aimable encore.

Qui me fait des plaisirs ces peintures naïves ?
    Quel est cet épicurien
    Qui fait voir le souverain bien
    Par des couleurs si vives ?
    C'est Jordan le stoïcien.

La contradiction est peut-être aussi manifeste sur ce fait, que celle que vous me reprochez touchant la liberté que j'aime & dont je me prive.

    Oui, le monde est la petite maison
Où depuis cinq mille ans la folle espèce habite,
    Qui sans bon sens dirige sa conduite,
    Et qui toujours parle de sa raison.

Je vous envoie une peinture, parce que je suppose que vous en ornerez votre bibliothèque, & je suppose en même temps que vous regretterez le port de lettre. Tout est contradiction, hors l'amitié avec laquelle je suis votre sincère ami. Adieu.

Dites à Knobelsdorf que pour me divertir il m'écrive sur mes bâtimens, mes meubles, mes jardins, & la maison d'opéra.

ÉPITRE XXII.

A Wichau, ce 5 d'Avril 1742.

Peut-être mes observations sur votre état sont-elles aussi peu certaines que celles de ces astronomes qui se disputent entre eux sur l'existence, la forme, le temps & la figure de cette comète qui a fait tant de bruit à Vienne, & qui a tant fait prophétiser de fous. Ayant appris de vous le grand art de douter, vous ne devez pas trouver mauvais que j'en étende les branches jusqu'à votre maladie, d'autant plus que votre santé m'est chère & mérite bien mes attentions.

> Au Dieu réservé du mystère
> Je recommande votre affaire ;
> Non pas à ce Dieu charlatan,
> Cet empirique d'Épidaure
> Qui par son baume & son onguent
> Augmente, embellit & décore,
> Des gens que son poison dévore,
> La cour de Messire Satan.

Je vous recommanderois bien encore au Dieu de l'amour & des plaisirs, si je ne craignois pour vous les flèches empoisonnées dont ce petit traître ailé se sert quelquefois.

Si l'on vous voit eftropié,
Ce ne fut point à cette guerre
Que l'orgueil & l'inimitié
Se font en embrafant la terre ;
Mais fur l'amour voyez vos droits,
Vous le fervîtes fans fublides,
Il vous doit donc pour vos exploits
Placer parmi fes invalides.

Je compte bien de vous y voir un jour, en vous félicitant fur la bonté de votre établiffement & fur l'agrément du voifinage, car je crois que Céfarion vous y tiendra bonne compagnie, & que ce qu'on appelle gens aimables dans le monde ne tarderont pas à vous fuivre.

Je fuis à préfent à Wichau, d'où je marche en Bohème, par des raifons qui m'ennuieroient à vous déduire. Je compte d'être le 20 de ce mois au plus tard avec toute l'armée à quelques milles de Prague. Vous comprenez bien que c'eft pour défendre cette capitale de la Bohème contre les Autrichiens, & pour foutenir la foibleffe des François, qui ne fauroient la défendre.

Voilà un raifonnement militaire qui vous vaut une prife de quinquina, ou dont vous vous embarraffez très-peu. Adieu, cher Jordan. Ecrivez-moi fouvent, beaucoup de détails, & de tous les riens que vous pouvez apprendre, barbouillez vos cahiers.

Je fuis votre fidèle ami & admirateur.

ÉPITRE XXIII.

A Proftnitz, ce 3 d'Avril 1742.

Je ne puis te faire des vers aujourd'hui, car nous marchons fur ces chemins montagneux où l'on voit

> Des poteaux avec leurs merlettes
> Qui difent aux paffans, en Bohême vous êtes,
> Où les faints par-tout ennichés
> Sur ponts & rochers font perchés,
> Où les gueux en groffe cohorte,
> Le chapelet en main & bien fort nafillant;
> Penfent par leurs chanfons émouvoir le paffant;
> Où, fi vous marchez fans efcorte,
> Les pandours de mauvaife humeur
> Vous deshabillent Monfeigneur.

C'eft par ces routes que la plus grande partie de notre armée marche, pour fe joindre au Prince d'Anhalt & au Prince Léopold auprès de Pardubitz &

> Non loin de ces lieux qu'habita
> Wallenftein & le grand Zifka,
> Près de ce camp fi fort célèbre
> Où le héros bohémien
> Démit en un jour la vertèbre
> A ces troupes, le fier foutien
> De ceux qui lui faifant la guerre,
> Comme lui ravageoient la terre.

- Voici des vers qui font venus au bout de ma plume je ne fais comment, & que vous trouverez, je crois, très-mauvais.

  Ce font les bons qui me font difficiles,
  Pour les mauvais ils ne me coûtent rien.
Tous les auteurs ne font pas fi habiles
  Que l'eft Jordan Tindalien.
Les Mufes font quinteufes, indociles,
Lorsque la cour on ne leur fait pas bien;
Et moi qui cours par les champs, par les villes
Comme un bandit, comme un maître vaurien,
J'y perds mon temps, & tous mes foins futiles.

Ainfi n'eft pas favori du Dieu qui veut; il faut être fon courtifan affidu, & avoir par-deffus tout une phyfionomie fémillante, & un certain je ne fais quoi du goût d'Apollon. Adieu, mon cher. Je n'ai pas le temps de vous dire d'autres pauvretés.

ÉPITRE XXIV.

Leitomifchel, ce 15 d'Avril 1742.

Ton Pégafe fécond en rimes redoublées
Laiffe arrière de toi mes Mufes effoufflées;
En vain d'un feu divin me croirai-je animé;
Que tes vers me font voir que j'ai trop préfumé!
Ébloui par l'éclat de ta vive lumière,
Je m'arrête tremblant tout court dans ma carrière;

Et voyant à quel point ton vol t'a fu porter
Je ne puis que t'aimer, te lire & t'admirer.

Ce font les fentimens que *divus Jordanus Tindaliorum* a fu m'infpirer par fes deux fpirituelles lettres, où il a mis fans exagération autant d'efprit qu'il m'en faudroit pour tout un mois dans ma dépenfe ordinaire. Vous avez le diable au corps avec vos vers, & vous en ferez fi bien, que je n'en ferai plus.

On dit qu'à Rome un architecte ignare
Voyant ce temple où l'orgueil de la tiare
Sut étaler fon fafte & fa grandeur,
Où l'art furtout paroît en fa fplendeur;
Surpris, frappé de ce bel édifice,
Dès ce moment abjura fon office,
A l'admirer bornant tout fon bonheur.

Je vous laiffe faire l'application de ces vers, dont la comparaifon cadre fi bien avec vos vers & le cas que j'en fais.

Voulez-vous que ma mufe chante
Le train de ma vie ambulante?
Tantôt rôti, tantôt glacé,
Tantôt haut, tantôt bas percé,
Souvent nageant dans l'abondance,
Et fouvent ufant d'abftinence,
Par les fatigues haraffé,
Jamais rebuté ni laffé.

Quelque fort que le ciel m'envoie,
Méprisant les vaines erreurs,
Et toujours simple dans mes mœurs,
Je suis plus enclin à la joie
Qu'aux mélancoliques vapeurs,
Dont la cruelle frénésie
Empoisonne de ses noirceurs
Les plus beaux jours de notre vie.

Si vous voyiez couleur de chair, vous seriez le plus aimable & le plus heureux mortel que Dieu eût créé; mais comme il n'y a rien de parfait dans ce monde, vous ne serez qu'aimable. Je vous prie, mettez-vous l'esprit en repos sur l'Europe. Si l'on vouloit prendre à cœur toutes les infortunes des particuliers, la vie humaine entière ne seroit qu'un tissu d'afflictions. Laissez à chacun le soin de démêler sa fusée comme il pourra, & bornez-vous à partager le sort de vos amis, c'est-à-dire d'un petit nombre de personnes. C'est en honneur tout ce que la nature a droit de demander d'un bon citoyen; sans quoi notre cerveau ne fourniroit point assez d'humidités pour les larmes que nous aurions à répandre.

L'Europe qu'un lutin lutine,
A, dit-on, perdu la raison;
Il est vrai qu'elle en a la mine,
Et mérite bien ce soupçon.

L'abbé de faint Pierre fe fait fort d'ajufter l'intérêt des princes de l'Europe auffi facilement que vous compofez vos vers. Ce grand ouvrage ne s'accroche à rien qu'au confentement des parties intéreffées. Vous connoiffez ces vifions d'arbitrage, & ces folies fynonymes.

Je n'ai rien à vous dire d'un endroit où il ne fe paffe rien, finon que nos foldats font autant de Céfars, & que je vous aime toujours, malade, mélancolique, ou gai & fain, également, Adieu.

ÉPITRE XXV.

A Chrudim, ce 21 d'Avril 1742.

Dive *Jordane*, à préfent les vers coulent chez vous comme un torrent. Je crois que vous avez Apollon à gage, & les neuf fœurs pour fervantes; il n'eft pas poffible autrement de travailler comme vous faites. Il faut de plus que vous ayez trouvé une mine de jolies chofes dans le Pinde, & quelque nouvelle veine de belles penfées.

Pas même la moindre faillie
Ni vaudeville, ni bon mot,
Ne me vient à ma fantaifie;
Vous gardez pour vous feul l'efprit & le génie,
Les agrémens font votre lot,
Hélas ! le mien eft d'être un fot.

Voilà ce qu'on gagne à faire la vie de chien que nous menons ici pour l'amour de la gloire, comme difoit notre ami Chaulieu.

> De cet aimable trépaffé
> Célébrons encor la mémoire ;
> Pour vous, qui l'avez furpaffé,
> Méritez encor plus de gloire.

Il n'en eft point qui ne doive ceindre votre front. Cette prudence infèparable de votre courage n'eft pas une des moindres qualités qu'il faut admirer en vous.

> La prudence du vrai courage
> Eft la fource & le fûr appui ;
> Le refte eft une aveugle rage
> Que d'un inftinct brutal féduits
> Admirent tant de faux efprits.

Vous favez trop bien que l'on ne peut jamais être plus brave que lorfque la circonfpection ne nous expofe aux dangers que par néceffité ou par raifon, & comme vous êtes extrêmement prévoyant, vous ne vous y expofez jamais ; d'où je dois conclure que peu de héros vous égalent en valeur. Votre bravoure conferve encore fon pucelage, & comme toutes les nouvelles chofes font meilleures que les vieilles, il s'enfuit que votre courage doit être quelque chofe de tout à fait admirable. C'eſt une fleur qui eſt près d'éclore, qui n'a encore fouffert ni des ardeurs du foleil ni des vents du nord, enfin c'eſt un être ſi digne d'eſtime, qu'il eſt digne de la métaphyſique & des diſſertations de la Marquiſe ſur la nature du feu.

Il ne vous manque qu'un plumet blanc pour ombrager les bords de vos audaces, une longue rapière, de grands éperons, une voix un peu moins grêle, & voilà mon héros tout trouvé. Je vous en fais mes complimens, divin & héroïque Jordan, & je vous prie de jeter du haut de votre gloire quelque regard débonnaire ſur vos amis, qui rampent ici dans les fanges de la Bohème avec le reſte du troupeau des humains.

Je crois que d'Argens eſt fou; ne lui en dis rien cependant, & garde-toi bien d'aigrir la bile de notre philoſophe, qui me paroît avoir plus de cette marchandiſe que de bons ſens. Adieu. Tu connois tous les ſentimens que j'ai pour toi.

ÉPITRE XXVI.

A Chrudim, ce 27 d'Avril 1742.

Doctiſſime Jordane Tindalienſis,
Phébus qui dans tous vos écrits
Sait répandre ſon abondance,

Econome dans fa dépenfe
Il en refufe à mes efprits.
Phébus imite l'Eminence *)
Qui n'accorde qu'à fes amis
Le droit lucratif d'être admis
Dans les faveurs de la finance.

Après cela je ne m'étonne point que vous m'écriviez tant de vers & fi peu de nouvelles. Vous êtes plus infpiré par les neuf aimables fœurs, protectrices des arts & des fciences, que par ce monftre aux yeux de lynx, aux oreilles de levrier, & à la chevelure de Médufe.

Amant favorifé des Grâces,
Elles vous bercent dans leurs bras;
Vous eftimez plus leurs appas
Que ce monftre qui dans les places,
Aux halles & dans les villaces
Répand avec un grand fracas
Ce qu'il fait ou qu'il ne fait pas.

Tout cela fait que j'apprends peu de nouvelles de Berlin & que je reçois beaucoup de vers; un peu de l'un & un peu de l'autre me feroit un grand plaifir. Vous ne me dites rien de toutes les fottifes qui fe font régulièrement & périodiquement. Vous ne m'apprenez rien de vos correfpondances de favans, de mes édifices, de mes jardins, de mes

*) Fleury.

amis, en un mot de toutes les choses qui m'intéressent.

 Tous les divers événemens
 Du grand théâtre politique
 Ressemblent à ces changemens
 Que fait la lanterne magique ;
 Marquez-en donc vos sentimens.
 Du moins d'une sempiternelle
 Contez-moi les égaremens,
 L'histoire de la bagatelle
 Par vous reçoit des agrémens ;
 Car tout ce qu'on nomme nouvelle
 De la demeure paternelle,
 A du charme pour les absens.

Vous me croyez peut-être trop occupé pour penser à mes amis ; mais vous devez sentir qu'ils vont de pair avec les plus grandes affaires.

 Ce sont les intérêts du cœur
 Que l'on préfère à la durée,
 A l'ambition égarée,
 Et même au plaisir suborneur
 Dont souvent l'ame est animée,
 Et qui pour un peu de fumée
 Abandonne son vrai bonheur.
 Amitié, chaste & pure flamme,
 Amitié, présent que les Cieux
 Nous firent pour nous rendre heureux,
 Régnez à jamais dans mon ame.

J'en viens à préfent à notre itinéraire. Je fuis avec la grande armée en Bohème. Le Prince d'Anhalt va commander en haute Siléfie, le Prince Didier a quitté la Moravie, faute d'y trouver de quoi fubfifter. Nous refterons apparemment dans cette fituation jufqu'à ce que le verd vienne, ce qui peut encore aller à deux mois. Voilà tout ce que j'avois à vous dire, en vous affurant des fentimens que j'ai pour vous. Adieu.

ÉPITRE XXVII.

A Chrudim, ce 29 d'Avril 1742. Jour fatirique, d'un foleil clair, & le premier du bourgeonnement de quelques arbuftes.

Enfin la demeure éthérée
Aux aftronomes confacrée,
Qu'une troupe d'Autrichiens
Gardoit à fes fiers fouverains,
De tout le monde féparée;
Fréquentant au lieu des humains
Les chats-huans de la contrée,
Ou quelqu'ombre trifte, égarée,
Qui plaignoit encor' fes deftins;
Environnés de Pruffiens,
De tout fecours défefpérée,
Ses tours, fes forts, fes ravelins
Sont tombés ce jour dans nos mains.

C'est-à-dire que Glatz s'est rendu le 28 de ce mois par capitulation, de sorte que je suis à présent maître sans réserve de toute la Siléfie.

Monsieur ***, mauvaise copie de quelque chétif original anglois, vient de prendre le parti décisif de nous quitter. Vous pouvez vous imaginer jusqu'à quel point je regrette sa perte.

>Cet imitateur sans génie
>De l'extérieur des Anglois,
>En a copié la folie,
>Mais il manqua leurs meilleurs traits.
>Sans le vrai, tout est ridicule;
>Mars n'a jamais l'air d'Alcidon,
>Sans la force on n'est point Hercule,
>Ni sans la sagesse un Caton.

Pardonnez à ce trait qui m'est échappé contre un homme que vous honorez de votre estime ; mais je crois que cette estime est du nombre de celles.

>Que tous les jours de nouvel an
>L'on se débite en compliment,
>Qu'on se jure & qu'on se proteste,
>Quand sous la barbe doucement
>L'on voudroit sérieusement
>Que l'autre crevât de la peste.

Vous ne me dites rien des nouvelles berlinoises, du Tourbillon, de Césarion, ni de l'histoire de la galanterie.

Ni de votre aimable goutteux,
Qui devient si fort amoureux
Que cette violente flamme
Aux incurables met son ame ;
Ni de son vigoureux tendron,
Qui lorsqu'on joue au corbillon
Répond de sa bouche de rose,
Avec connoissance de cause,
Quand on demande, *qu'y met-on ?*

Tenez, voilà assez de sottises pour une fois ; contentez-vous-en, cher Jordan, jusqu'au premier ordinaire, où j'espère de ne point demeurer en reste. Adieu.

ÉPITRE XXVIII.

A Chrumdim ce 5 de Mai 1742.

D Octissime Doctor Jordane, je vous demande des nouvelles de Berlin à cor & à cri, & vous avez la dureté de me les refuser. Je ne reçois de vous que des gazettes du Pinde & les oracles d'Apollon. Vos vers sont charmans ; mais je veux des nouvelles. Mandez-moi donc quel temps il fait à Berlin, ce qu'on y fait, ce qu'on y dit ; & si toutes les sources sont taries, parlez-moi au moins du cheval de bronze,

Et

Et de cet équeſtre héros
Que l'on a décoré d'eſclaves,
Pour avoir mis dans ſes entraves
Les Suédois, les Viligoths.

Entretenez-moi de toutes les bagatelles qu'il vous plaira, pourvu que ce que vous me direz, ſoit relatif à ma patrie, & daignez entrer un peu plus dans les détails.

Vous qui ſi poliment habillez la ſatire,
　　Tenez pour un temps ſon journal;
Permettez aux abſens de badiner, de rire
　　Sur quelque ſot original,
Que très-abondamment Berlin peut vous produire;
　　Marquez-en le trait principal,
Et ſachez, lorsqu'on veut plaire en ſe faiſant lire,
　　Qu'au-lieu d'un ſtyle doctoral,
　　Elégant, ſimple, ou trop égal,
Il faut que la malice en écrivant inſpire.

Peut-être avez-vous trouvé de cette malice en trop copieuſe portion dans la dernière lettre que je vous ai écrite; je vous en fais bien des excuſes en ce cas, quoique vous ſachiez bien qu'il ne dépend pas de nous d'être triſtes ou gais, & que c'eſt un effet du tempéramment, comme tant d'autres opérations machinales de notre corps. Peut-être croyez-vous qu'il en eſt autrement de la ſatire, & que cette drogue ſe trouve toujours en même abondance chez les perſonnes qui y inclinent.

D

Jamais je ne fus entiché
De cette bavarde folie ;
Pour l'avoir il faut du génie,
Je n'en ai point, j'en suis fâché.

Il ne me reste qu'à ramper géométriquement sur les pas de l'usage, & à suivre en gros l'exemple de notre bon & ridicule genre-humain,

Qui sans afficher son dessein,
Soit ennui, soit par complaisance,
Déchire entre soi le prochain,
Et dans les bras de l'indolence
Distille ce mortel venin
Dont il nourrit sa médisance,
Ce qui vraiment n'est pas chrétien.

Mais nous ne nous piquons pas trop de l'être, nous autres, & l'on pense assez communément qu'il vaut mieux être père d'un bon mot que frère en Jesus-Christ. On oublie un peu ce qu'est cette tendresse fraternelle, quand on a fait la guerre.

Tous ces talpatschs & ses pandours
Qui nous entourent tous les jours,
Sur mon Dieu ne sont pas mes frères,
De Satan je les crois vicaires,
Et bâtards de singes & d'ours.

Comment voulez-vous qu'on respecte l'humanité dans des gens qui n'en ont tout au plus que de légers vestiges. Je crois qu'une ressemblance de mœurs fait plus de liaison parmi les hommes qu'une structure de corps égale ; je dispute l'un & l'autre à nos ennemis. Le moyen après cela de les aimer !

Nous nous préparons à l'ouverture de la campagne, qui n'aura pas encore lieu sitôt, & il se pourroit fort bien que nous passassions encore le 20 de ce mois sous les toits. Nous sommes assez tranquilles à présent. Le vieux Prince d'Anhalt couvre la haute Silésie, & votre serviteur rassemble ici ses principales forces, pour tomber avec une grande supériorité sur l'ennemi ; ce qui ne peut se faire qu'à l'arrivée du fourrage.

Tenez, voici une petite leçon militaire pour vous arranger les idées de ce que vous devez penser sur nos opérations, & pour que si l'on en parle devant vous, vous sachiez que dire.

La Moravie, qui est un très-mauvais pays, ne pouvoit être soutenue faute de vivres, & la ville de Brunn ne pouvoit être prise, à cause que les Saxons n'avoient pas de canons, & que lorsqu'on veut entrer dans une ville, il faut faire un trou pour y passer. D'ailleurs ce pays est mis en tel état, que l'ennemi ne sauroit y subsister, & que dans peu vous l'en verrez ressortir.

Adieu, *doctissime Jordane.* Travaillez bien à

l'honneur de la science, & comptez-moi au premier rang de vos admirateurs & de vos amis. *Vale.*

ÉPITRE XXIX.

A Chrudim, ce 8 de Mai 1742.

Fredericus Jordano, salut. J'ai reçu une lettre de Knobelsdorf dont je suis assez content; mais tout en est trop sec, il n'y a pas de détails; je voudrois que la description de chaque astragale de Charlottenbourg contînt quatre pages in-quarto, ce qui m'amuseroit fort.

Vous voilà donc enfin devenu politique, & plus Mazarin que Mazarin même.

Le roman de la conjecture
Et la fureur des intérêts
Font la monstrueuse figure
D'un politique à grands projets;
Sur tout il combine, il augure,
Et ses soupçons, rêves inquiets,
Qui fouillent tout en vrais furets,
Même en la plus simple aventure
Pensent découvrir des secrets.
Toujours sous l'emprunt d'autres traits
Au public, sot de sa nature,
Il donne de la tablature.
Sous les voiles les plus épais

Il cache fa noirceur impure
Et fes dangereux trébuchets.

C'eſt cette politique fur laquelle vous raiſonnez ſelon la façon des hommes, qui imputent toujours à leur prochain tout le mal qu'ils feroient, s'ils étoient en leur place; mais enfin il eſt permis à Jordan de faire ma ſatire, le temps me juſtifiera devant le public.

> Jordan, votre eſprit de poëte
> Débite poëtiquement
> Que de fait politiquement
> Je fais un peu la girouette.
> Ah! ſi c'étoit aſſurément,
> La Renommée eût hautement
> Sonné le cas fur ſa trompette.

Vous voyez par tout ceci que votre eſprit court un peu trop en avant dans la campagne des événemens.

> Nos deſtins ſont cachés aux cieux,
> Et toute la ſcience humaine
> Pour les approfondir eſt vaine;
> Nul tube jusque dans ces lieux
> Ne rend les objets à nos yeux,
> Et la politique incertaine
> Suſpend ſes déſirs curieux.
> Les gazettiers néceſſiteux
> De la fable que l'on promène

Font des événemens pour eux ;
Les fots que leur fuffrage entraîne,
Ajoutent foi, ne fachant mieux ;
Mais vous que les eaux d'Hippocrène
Ont foûlé de leurs flots vineux,
Mais vous dont la raifon eft faine,
Croirez-vous encor de Lorraine
Tous les contes faftidieux ?

Tenez, voilà toute la politique en vers ; il ne nous manque plus pour nous achever de peindre, qu'un traité de paix avec fes préliminaires en poëme dramatique,

Je vous ai fait dans ma lettre d'avant-hier votre catéchisme fur nos opérations, & je vous ai détaillé au long & au large ce qui fe paffoit ici ; j'ajoutes aujourd'hui que mon pronoftic s'eft accompli, puifque les Autrichiens ont quitté la Moravie, faute de fubfiftance. Vous verrez bientôt les fuites qu'auront toutes ces grandes affaires & ce que tant de mouvemens compliqués des deux armées cauferont d'effets. Adieu, *dive Jordane Tindalienfis.*

ÉPITRE XXX.

Au camp de Kuttenberg, ce 10 de Juin 1742.

J'étois né pour les arts, nourrisson des neuf sœurs;
 Tout y convioit ma jeunesse.
Un cœur compatissant, avec de simples mœurs,
M'infpiroient peu de goût pour l'orgueil des grandeurs;
 Je n'eſtimois point la prouesse
D'un héros tyrannique entouré de flatteurs.
 Les grâces, la délicatesse,
Les folâtres erreurs d'un cœur plein de tendresse,
Le Dieu des doux plaisirs, les charmes séducteurs,
 La volupté de toute espèce
Dans l'île de Cypris me parèrent de fleurs :
De cet état heureux j'ai goûté les douceurs.
Bientôt un coup du fort sur un plus grand théâtre,
 Sujet à des revers fameux,
 M'a fait monter malgré mes vœux;
Là d'un air triomphant, altier, opiniâtre,
D'un luſtre éblouiſſant, bouillant & valeureux,
La Gloire, ce fantôme, apparut à mes yeux;
J'encenſai ſes autels, & ce culte idolâtre,
Brillant dans ſes erreurs non moins que dangereux,
 Rendit mes pas audacieux.
Mais la Gloire bientôt, me traitant en marâtre,
Me rappelant à moi, dans ſes plaiſirs affreux
Me fit voir les malheurs des humains furieux,
 Et ce hideux monſtre qui nage
Dans des torrens de ſang répandus par ſa rage,

Immolant les humains pour illuſtrer ſon nom,
Pour humer de l'encens, ou pour ceindre ſon front.
Que périſſe plutôt à jamais ma mémoire!
Non, je n'ai point l'eſprit farouche de Néron;
Le ſang de mes amis verſé pour ma victoire
Me pénètre le cœur du plus affreux poiſon.
Serai-je plus heureux en vivant dans l'hiſtoire?
Un ſeul ſiècle écoulé, que dis-je ? — une ſaiſon
Replonge dans l'oubli le plus fameux renom.
Dans ce monde étonnant que contient l'Elyſée,
De tous ceux dont la mort trancha la deſtinée,
  Penſez-vous que les morts nouveaux
  Auront le pas ſur les héros?
Vous mourez; votre nom que déchire l'envie,
Même après le trépas ne peut trouver de port
  Contre la noire calomnie.
Heureux eſt le mortel de qui le bon génie
Sait vivre dans l'oubli ſatisfait de ſon ſort!
  On m'ignoroit avant ma vie,
  Que l'on m'ignore après ma mort.

Voilà de la morale cadencée & toiſée, j'eſpère que vous en ſerez content. Je me flatte quelquefois de pouvoir encore paſſer un bout d'automne à Charlottenbourg, & raiſonner avec vous ſur le vide & la nullité de toutes les choſes de cette vie. J'ai conclu le marché pour le fameux cabinet du Cardinal de Polignac; je l'aurai en entier, on l'enverra par Rohan à Hambourg. Ce ſera pour Charlottenbourg un ornement de plus, & qui vous amufera autant que votre bibliothèque.

Encouragez Francheville jufqu'à mon retour.

G*azette.*

Charles de Lorraine & Lobkowitz fe font joints; ils ont paffé la Moldau, & chaffent devant eux un troupeau de François dont Broglio eft le berger. Les Pruffiens vont marcher à Prague, pour remettre les François dans le bon chemin, ou pour faire la paix.

Adieu, cher Jordan. Je ne vous dis rien de l'eftime, de l'amitié & de tous les fentimens de votre ferviteur.

ÉPITRE XXXI.

Au camp de Kuttenberg, ce 18 de Juin 1742.

Les palmes de la paix font ceffer les alarmes;
Au tranquille olivier nous fufpendons nos armes.
Déjà l'on n'entend plus le fanguinaire fon
Du tambour redoutable & du tonnant clairon;
Et ces champs que la Gloire en exerçant la rage
Souilloit de fang humain, de morts & de carnage,
Cultivés avec foin fourniront en trois mois
    L'heureufe & l'abondante image
    D'un pays régi fous des lois.

Ces vaillans guerriers que l'intérêt des maîtres,
Ou rendoit ennemis, ou tels faisoit paroître,
De la douce amitié resserrant les liens,
Se prêtent des secours & partagent leurs biens.
La Mort l'apprend, frémit, & ce monstre barbare
De la discorde en vain secouant les flambeaux,
  Se replonge dans le Tartare,
  Attendant des crimes nouveaux.

O Paix ! heureuse Paix ! répare sur la terre
Tous les maux que lui fit la destructive guerre,
Et que ton front paré de renaissantes fleurs
Jusqu'à jamais serein prodigue tes faveurs!
Mais quelque soit l'espoir sur lequel tu te fondes
 Je le dis sans détour, & tu n'auras rien fait,
Si tu ne peux bannir deux monstres de ce monde,
  L'Ambition & l'intérêt.

Ma muse, qui s'emporte quelquefois, vient de produire ces stances ; l'imagination se réchauffe encore de temps en temps chez moi, lorsque les affaires dont je suis souvent surchargé le permettent. Ce sera à Charlottenbourg que je compte retrouver mon Apollon, quoique les soins & l'âge en doivent diminuer le feu. Si je vois qu'il me refuse totalement, je me jeterai dans l'éloquence & la morale. Nous passerons des jours heureux, du moins raisonnables, car nous raisonnerons beaucoup.

 Là, sous le studieux ombrage,
 De ces tilleuls verts & fleuris,

Nous rirons du frivole ouvrage
Des mortels par des riens épris,
Et des Catins & des Fleurys,
Et des fous qui se jugent sages,
Et font de pompeux étalages
De leurs puériles écrits.
　Que nous rirons de ces maris
De qui le bruyant cocuage
Fait la fable du voisinage
Et n'est ignoré que par eux !
Et des autres qui plus heureux
Se sont fait ce maquerellage !
　Nous passerons devant nos yeux
La bigarrure de ce monde,
Les projets sur quoi l'on se fonde,
Et les vains objets de nos vœux ;
Enfin cette erreur si commune
Aux souverains, aux conquérans,
La gloire, objet de leur encens,
De leurs malheurs, de leur fortune.
　Hélas ! de cette illusion
Mon cœur a trop senti les charmes.
J'ai fait renaître d'Ilion
L'illustre conspiration
De tant de rois ligués pour former les alarmes;
　Hélas ! qu'il m'en coûta de larmes !
Mais à présent que la raison
　De mes mains fait tomber les armes,
Ainsi qu'un frénétique, à peine revenu
　D'un long & véhément délire,
　De mes revers tout confondu,

Et retournant à la vertu,
Je me repose, & je respire.

Adieu, cher Jordan. Je suis de tous vos admirateurs le moins flatteur, & de tous vos amis le plus sincère.

ÉPITRE XXXII.

Sophiste de vos passions,
Apprenez une fois, Jordan à vous connoître,
Et renoncez à ces raisons
Que vous nous alléguez, peut-être
Pensant que nous ne connoissons
Ce mal si déguisé qui ne veut point paroître.
Jordan, tous vos soins sont en vain ;
En vain vous parlez d'étisie,
De diarrhée, hydropisie,
Car déjà notre camp est plein
Que de fait votre mal n'est que poltronnerie ;
Allez donc je vous congédie.

ÉPITRE XXXIII.

Au camp de Kuttenberg, ce 20 de Juin 1742.

Tirez-vous des barbares mains
De vos mal-adroits médecins,
Et laissez au vulgaire ignare
Boire le poison que prépare

La faculté des assassins.
Auriez-vous foi à des pilules,
Vous que parmi les incrédules
Nous comptons pour un des plus fins?
Telle est la raison des humains,
Incertaine & contradictoire,
Par des effets fort clandestins
Vous plaçant dans un consistoire
En rang d'oignon parmi les saints,
Et le soir dans un réfectoire
Chez des diables & des lutins.
Ainsi raisonnent les robins :
Cette erreur paroît bonne à croire ;
Mais celle-ci, c'est autre histoire,
J'en ris avec les libertins.

J'espère qu'avec toute votre sagesse vous reviendrez une bonne fois de l'erreur des médecins. Croyez-moi, ils n'entendent rien ou presque rien au métier qu'ils font de nous guérir ; j'aimerois autant entretenir un joueur de gobelets pour m'enseigner la philosophie, qu'un médecin pour me rendre la santé. Je suis bien aise que celle de Césarion se remette. Je me flatte de vous revoir bientôt tous ensemble. Tout part d'ici journellement pour retourner chez soi. Adieu, cher Jordan. N'oubliez pas vos amis & aimez-moi toujours.

———

Tome I. *

ÉPITRE XXXIV.

Potsdam, ce 5 de Mai 1743.

Je croyois, Jordan, qu'en prophète
Vous m'annonceriez la comète
Homicide de l'univers,
Cette sanguinaire planète.
Qui nous enverroit aux enfers ;
Mais au-lieu de telles nouvelles,
Vous faites des contes divers,
Que le papillon sur ses ailes
Vous a rassemblés dans les airs :
Tout cela n'a rien qui nous presse.
Hélas ! qu'est-ce qui m'intéresse
Au prix de ces plus grands objets,
Si cette comète traîtresse
Abîme nos plus beaux projets?

Tâchez de dissuader Pesne de son émigration. C'est un fou qui va être payé, & qui après avoir habité trente années à Berlin, n'a pu encore se corriger de l'inconstance & de la légéreté de sa nation.

J'ai pris aujourd'hui de la rhubarbe, dont j'avois grand besoin. Si la comète vous en laisse le temps, prenez-en aussi. Je ne vous dirai point de venir ici, car je serois au désespoir que vous y fussiez à contre-cœur. Adieu.

ÉPITRE XXXV.

Potsdam, ce 12 de Mai 1743.

JORDANOMANIE.

Jordan, perfide ami, dont l'humeur se rebèque,
Lorsqu'une fois tu sors de ta bibliothèque,
Toujours enseveli dessous un tas poudreux
De livres ignorés par nous, par nos neveux,
Hypocondre par goût, amoureux par semestre,
Chez qui tantôt prévaut le ciel ou le terrestre,
Veuille ce ciel, par ses bienfaits fameux,
En te rendant plus gai, te priver de tes yeux !
Alors enfin, alors flattant mon espérance,
  Ce Potsdam négligé verroit ton excellence ;
  On iroit te hucher sur notre sacré mont,
Et tu serois le seul bel-esprit du canton.

S'entend, tu aurois le privilége de l'être; mais c'est peine perdue : tant que ta bibliotèque subsistera, il n'y aura pas moyen de te tirer de Berlin, & comme j'ai vu que cela te feroit de la peine, j'ai renoncé à l'envie que j'avois de te voir. Adieu.

ÉPITRE XXXVI.

Potsdam, ce 27 de Juin 1743.

Je vois que vous tremblez encor,
Vous craignez pour vous, pour le monde,
Que le grand phénomène Hector,
(Que le ciel à jamais confonde !)
Vienne terminer notre fort.
Pour vous, ce feroit grand dommage :
Dans la fleur encor de votre âge,
Vous avez fait au genre-humain
Au moins mille fois plus de bien
Que ce prélat qu'en beau langage
La Neuville a rendu divin.
Partout votre bon cœur opère,
Par vos foins l'école s'éclaire,
Le pauvre par vous eft nourri,
Les fous vous appellent leur père,
Les Magdelaines leur mari.

Voilà pourquoi il eft bon que cette vilaine comète fe paffe encore pour quelque temps de l'appétit de vous rôtir. Pour moi, il n'y auroit pas tant de perdu pour le monde,

Car vous favez que jeune fou
J'ai renverfé ces vieux fyftèmes
Que les marins, peuple jaloux,
Avoient élevés pour eux-mêmes ;
Que nos aïeux Topinambous,

Qui les vénéroient à genoux,
Auroient cru que c'étoit blasphème
De penser à les voir dissous.
Ainsi quand sur moi misérable,
Cette affreuse comète Hector
Lanceroit son feu redoutable,
Elle n'auroit, ma foi, pas tort.

Du moins tu vois que je sais me rendre justice, & que si je connois ton mérite, j'ai encore la vertu de t'estimer & de t'aimer sans jalousie. Voltaire, je crois, va quitter la France tout de bon. Adieu.

ÉPITRE XXXVII.

A Potsdam, ce 12 de Juillet 1743.

Paris & la belle Emilie
A la fin ont pourtant eu tort ;
Boyer avec l'Académie
Ont malgré sa palinodie
De Voltaire fixé le fort.
Berlin, quoi qu'il puisse nous dire,
A bien prendre est son pis aller.
Mais qu'importe ? Il nous fera rire
Lorsque nous l'entendrons parler
De Maupertuis & de Boyer,
Plein du venin de la satire.

Il arrivera bientôt, car je lui ai envoyé un passeport pour des chevaux. J'ai tracassé comme un vrai lutin depuis que je ne t'ai vu. Je ne saurois te dire des nouvelles de la république des lettres, sinon que Mauclerc n'eſt plus à Stettin, que les Poméraniens font peu lettrés, que les Rheinsbergeois le font moins depuis qu'Etienne Jordan n'y eſt plus; mais qu'en revanche on y mange de meilleures cerifes qu'autrefois, & cela, par la raifon que l'air devenoit tout foporifique des exhalaifons grecques & latines qui fortoient d'une certaine chambre où un certain favant étudioit beaucoup. Adieu.

ÉPITRE XXXVIII.

A Potsdam, ce 24 d'Août 1743.

Que fait notre infirme Satyre
Ce bon & fiévreux Chambellan,
qui fait fi plaifamment médire
De tout homme qu'il entreprend?
Depuis qu'il n'eſt plus courtifan
Qu'il eſt auteur, qu'il doit écrire,
Qu'il eſt enrôlé par d'Argens,
Et même a titre de génie,
Devant fon favoir prudemment
Mon ignorance s'humilie.
Car vous favez afſurément
A quel point l'on eſt ignorant

Quand on n'eſt pas reçu dans votre académie.
 Mais pourquoi cette compagnie
 N'a-t-elle pas très-ſagement
 A quelque médecin ſavant
 Ordonné que la maladie
 Evacuât le corps ſouffrant ?
Sur le *ſtatus morbi* on feroit deux volumes,
Dieu ! l'on verroit briller quelques ſavantes plumes.
 Tandis que l'on raiſonnera,
 Que le pouls on lui tâtera,
 Que ſur ſa pédantesque enclume
 Des remèdes on forgera,
 Tout doucement dans l'autre monde,
 Faiſant révérence profonde,
 Le vieux Satyre s'en ira.

 Gare que je ne prophétiſe, car je crains pour le cacochyme Pœllnitz. Ce feroit dommage pour nous, & ce feroit une banqueroute pour les anges; car ſelon les ſaints ſon ame ſera dévolue aux griffes de Meſſire Satanas.

 Je ſerai Mercredi à Berlin; prépare-moi une plaiſante comédie, & fais la choſe galamment.

 Voltaire viendra ici dans huit jours. Je te prie, fais mettre l'article de Potier dans la gazette de Paris & de Londres. Adieu, Meſſire Jacques Etienne. Je ſuis ton grand & petit ſerviteur.

ÉPITRE XXXIX.

A Potsdam, ce 17 de Novembre 1743.

Quand d'Argens contrefait l'habitant d'Idumée
  Il me tromperoit tout de bon,
Et fon habileté me femble confommée;
Mais quand il veut parler la langue d'Apollon,
  On ne comprend point fon jargon,
Et pour l'académie & pour fa renommée
    Qu'il renonce au facré vallon.

Es-tu encore d'une humeur de chien? Es-tu trifte, fombre, rêveur, plus fou de ta bibliothèque qu'il ne te convient de l'être? Si attaché à ton Boëtiger, Achard, aux beaux-efprits de la Ville-neuve, & aux marmoufets des Deschamps, que l'on ne puiffe te parler fans te voir vaincu par l'impatience de les rejoindre? Si tout cela fubfifte encore, je ne veux point te voir; mais fi tu es fage, viens chez moi mardi après dîner recueillir mes éloges & mes careffes. *Vale.*

ÉPITRE XL.

A Potsdam, ce 22 de Novembre 1743.

Avare de ſes jours, Harpagon des inſtans,
 De lui je n'ai point de nouvelle,
A ſa bibliothèque uniquement fidelle,
 Il eſt mort pour tous les vivans,
 Sans m'écrire une bagatelle,
Eu quelques mots en proſe ou des vers élégans.
Au ſiége d'Apollon je te cite en juſtice,
Si tu ne te veux point réſoudre au ſacrifice
 De quelques-uns de tes momens.
Lime, travaille, écris, & que tous tes ouvrages
Echappent, mis au jour, aux dangereux naufrages
 Que prépare à jamais & l'oubli & le temps,
Et que de ton eſprit la brillante étincelle
 Rende ta ſcience immortelle,
 Ainſi que le font tes talens.

Si tu ne m'écris point & que tu te contentes de deux mots de lettre, je ferai une ſatire contre ton ſilence, pire que les Philippiques & les Catilinaires. *Vale.*

ÉPITRE XLI.

Ce 6 Mai 1744.

Une tempête
Dedans ta tête,
De guet-apens
D'un coup te prend,
Pauvre Jordan;
Adieu ma fête,
Et mon bon temps.
Car sans toi, mon enfant,
Je ne suis qu'une bête,
Cela s'entend.
Mais ta cervelle
Pourquoi croit-elle
Que d'un abcès
La loi cruelle
Tranche à jamais
Tous les attraits
D'une tête si belle,
Et faite à si grands frais.
Parque infidelle!
Si tu le fais,
Je ne t'appelle
Jamais pucelle,
Mais en mutin
Devant le Tin
Je te querelle,
Et rime en tin.

Ma muse se prosternant à tes pieds, t'adresse ces légéretés; incapable de prétendre aux honneurs des grands ouvrages, elle se borné aux petits, satisfaite que le nom de Jordan illustre ses écrits, & qu'il les protége.

 A l'abri d'un nom si fameux
Courez, mes vers, à nos neveux;
Méprisez la vaine critique,
Que d'auteurs l'envieuse clique
Répand sur les auteurs heureux
Qui célèbrent des noms fameux.

 Dites à la future race
Que Jordan préside au Parnasse,
Et qu'il met le comble à nos vœux,
Et soutenez avec audace
Que les auteurs sont bienheureux
Qui célèbrent des noms fameux.

 Jamais des vers pour les Saumaise,
Ces auteurs de docte fadaise,
Ni pour tant d'autres savans gueux,
Mais les Muses se pâment d'aise
En voyant les auteurs heureux
Qui célèbrent des noms fameux.

 Jordan, l'Apollon que j'invoque,
Jordan, l'ami que je provoque
A venir dans ces charmans lieux,
Toi qui rends ma lyre moins rauque,
Ainsi mes vers ne sont heureux
Qu'en célébrant des noms fameux.

« Achète-moi les collections de carte dont je puis avoir besoin ; & fais-moi relier cela par provinces ; mais point d'Afrique, d'Asie, ni d'Amérique, ni d'Espagne ni de Portugal. Adieu.

ÉPITRE XLII.

D'un ton mélancolique & tant soit peu pleureur,
 Grondant & de mauvaise humeur,
 Vous m'apprenez donc la nouvelle
 Que Maupertuis l'applatisseur
 S'en vient en Saxe à tire d'aile,
 Tout pâle & transi de frayeur.
A peine réchappé de la griffe ennemie,
Du sabre meurtrier des barbares housards,
 Il abjure à jamais la vie
 Qu'il vient de mener par folie
 Avec les fiers enfans de Mars.
Quel est, se disoient-ils, quel peut-être cet homme?
 Un soldat dit, c'est un sorcier,
 L'autre, il faudra donc l'écorcher,
Un autre plus rusé le croit prêtre de Rome.
 Pardi, ne soyez pas surpris,
 Messieurs, je vous apprendrai pis
 Il est géomètre, astronome.
 A Vienne où tout esprit bouché
 En lits de drap d'or est couché,
 Où la folle magnificence
 De pompons coiffe l'ignorance,
 Jugez s'il étoit bienvenu.

Allez, Monsieur de la science,
Lui disoit avec suffisance
Un fat affectant l'ingénu
En pays de nous inconnu;
Tout après avec bienséance
Il lui donna du pied au cu.

Voilà l'histoire telle que vous deviez me la rapporter & telle qu'un homme très-désœuvré auroit dû l'habiller. Je ne sais ce que vous avez; mais vos lettres deviennent plus tristes & plus noires de jour en jour. Je crois que si vous le pouviez, vous voudriez communiquer à tout l'univers la tristesse & le chagrin inutile qui vous dévore. Croyez-moi, devenez raisonnable; grisez-vous, faites la débauche & soyez joyeux. Le comble de la folie dans le monde c'est la tristesse; soyez donc sage, aimez-moi un peu, & ne doutez point que je ne sois toujours votre très-joyeux serviteur.

ÉPITRE XLIII.

La fièvre & moi nous voyageons ensemble,
Nous avons fait grande amitié, dit-on;
De son côté, je le crois ce me semble,
Mais quant au mien, je vous jure que non.
　Si c'est payer de trop d'indifférence
L'excès fâcheux de sa fidélité,
Je fais aveu qu'avec peu de bonté

J'ai soutenu sa barbare souffrance.

 Telle en hymen l'assommante constance,
N'est dans le fond qu'une importunité,
Quand par malheur l'une ou l'autre partie
Contre son goût se voit mal assortie,
Et que l'Amour, distrait de son côté,
N'a pas ces nœuds lui-même cimenté
Par des désirs d'égale pétulance.
Écoute, ami, voici la différence
De ces tableaux si conformes de traits :
D'avec la fièvre un docteur nous sépare,
Mais de l'hymen, une loi plus barbare
Veut que ce soit en révérend congrès
Qu'on examine une si triste histoire,
Ou si l'on veut même en plein consistoire
Qu'on fasse aveu de ses honteux secrets.

 Et pourquoi donc ton style lamentable ?
Ne me plains point, mon cas est supportable,
Mon tribunal n'est qu'à la faculté ;
A son arrêt je reprends ma santé,
Et dans l'instant tout mon mal est au diable.

Malheur aux maris qui ont de mauvaises femmes, ou aux femmes qui ont de mauvais maris. Pour moi, je n'ai que la fièvre ; des pilules, des poudres, des gouttes, des clystères plaideront si bien pour moi, que vous n'aurez plus besoin de lamentations. Adieu Jordan. Je crois que je serai Lundi à Charlottenbourg.

ÉPITRE XLIV.

SEIGNEUR Jordan, on vous invite
A venir chez nous au plus vite
Accompagné des agrémens
Que vous mêlez si joliment
Dans vos discours pleins de sagesse,
Et qui plaisent également
Aux vieux barbons, à la jeunesse.
Notre petit prêtre à rabat
Vous marque son impatience ;
Il veut, dit-il, votre présence,
Pour célébrer un sien sabbat
Avec grande magnificence.
Son marguillier, ce petit fat,
Prétend en fredons marotiques
Psalmodier de longs cantiques,
Pour amuser les auditeurs :
Ils feront bâiller les apôtres,
Qui je crois du goût de nous autres,
Connoissent des plaisirs meilleurs.
Il est des raisons plus de mille
Pour vous faire quitter la ville.
Une grosse & jeune catin,
D'accès & d'abord très-facile,
Dont vous nous avez fait le fin,
Croit qu'une beauté de Berlin
Captivant votre cœur docile,
Vous retient chez elle sous main.
Revenez à votre catin,
Et rendez-lui le cœur tranquille,

Sans quoi nous verrons un matin
La pauvre fille, en vrai lutin,
De dépit & de jalousie
Se poignarder par fantaisie.
Pour Chazot, qui dans son réduit
En damné travaille sa flûte,
Qui fait enrager jour & nuit
Tous ses voisins qu'il persécute,
D'un instrument tendre & charmant
Il tire des sons de trompette ;
Willich en a mal à la tête,
Et ses voisins par conséquent.
Le fameux chantre de la Thrace
L'auroit puni de son audace.
Vous lui direz éloquemment,
D'un ton doux & d'un air bonace,
De l'histoire de Marsyas,
Chazot, ne vous souvient-il pas ?
　Nos plaisirs, Jordan, vous séduisent,
Pour le coup mes raisons suffisent,
Vous allez redoubler vos pas.
Ah ! je vous vois chercher vos bottes,
Et vous couvrir de ce manteau
Qui dix ans passé fut nouveau,
Equipage d'ames dévotes.
Volez sur l'aile de l'amour ;
Catin Vénus vous y convie,
Elle qui veut faire à son tour
Tout le bonheur de votre vie.

Cela signifie qu'on ne sauroit se passer de vous à Rheinsberg ; nous en avons fait l'épreuve pendant trois jours, qui nous ont paru des années d'amans. Vous qui avez paſſé par-là, vous devez ſavoir que ces années ſont du triple plus longues que les années ordinaires ; ainſi tenez-nous compte de notre impatience. La table a beſoin de votre ſecours, la philoſophie encore plus.

Nous vous attendons tous lundi au ſoir à Rheinsberg. Faites proviſion d'un *fatras* de bonne humeur : apportez-nous toute l'érudition de votre bibliothèque, ſans en apporter la pouſſière, & comptez d'être reçu comme un homme qui nous eſt néceſſaire.

ÉPITRE XLV.

Au fier Jordan qui ſe rebèque
Quand il doit quitter pour un temps
L'appas de ſa bibliothèque
Pour d'autres plaiſirs moins piquans ;
On diroit qu'il part pour la Mecque
Quand de ſes ſavans erremens
Il s'éloigne de quelques milles ;
Car hors Berlin point d'agrémens,
Et dans ces petits nids de villes
Il ne voit que des imbécilles,
Comme moi, votre ſerviteur ;
Et bien d'autres de ma valeur ;
Cet appât ne peut faire mordre

La crème, la perle, la fleur
Des favantas du premier ordre,
Pour nous honorer de l'honneur
De fa préfence tant aimable.
S'il le fait, c'eft à contrecœur,
Et fe vouant cent fois au diable.

Envoie-moi, s'il te plaît, Mahomet, que je n'ai ni vu, ni ouï. Tu as raifon de croire que je travaille beaucoup ; je le fais pour vivre, car rien ne reffemble tant à la mort que l'oifiveté. Je fuis le très-humble ferviteur des **** des Céfars, du Chevalier Bernin, de Mr. des Eguilles & du propriétaire de ces pièces ; ainfi que l'on ne compte pas fur moi pour les vendre. Fais mes plaifanteries au Satyre boiteux, mes regrets à Brand, mes complimens à Madame de Catfch & mes amours à Finette : au moins, fripon, ne fais pas trop bien le dernier article, car tu fais qu'en cela peu de gens te reffemblent. Adieu.

ÉPITRE XLVI.

Jordan, mon critique & copifte,
Vous qui pourfuivez à la pifte
Mes fautes en digne limier,
De grâce, daignez corriger
Raturer, effacer, tranfcrire

Ces vers que fous un olivier
Quelque mufe m'a fait écrire,
Ces vers que vous voudrez produire
Au bruxellois double coupeau,
Où Voltaire notre héros
Régit les Mufes, & préfide
Au bureau d'efprit, & décide
De l'efprit, du goût & des mots.
Adieu. Crainte de vous déplaire
Je renonce à mes chalumeaux,
Et dans votre antre folitaire
Mes vers vous vaudront des pavots.

ÉPITRE XLVII.

Je crois te voir, mon bon Jordan,
Te trémouffant d'inquiétude,
Quitter brusquement ton étude,
Chercher Chazot, ce fin Normand,
Ce Chazot qui fert par femeftre
Ou Diane, ou tantôt Vénus,
Et que retiennent en féqueftre,
De leurs remèdes tout perclus,
Les difciples de faint Comus.

   Je vous vois partir tous les deux
Du paradis des bienheureux
Pour arriver au purgatoire.
Hélas ! Si je fuivois mes vœux,
J'irois peupler ces mêmes lieux
Dont vous quittez le territoire,

Trop sage & trop voluptueux
Pour rechercher la vaine gloire
De vivre en cent ans dans l'histoire
Sur les débris de mes aïeux.

Je crains ces honneurs ennuyeux,
L'étiquette, & tout accessoire
D'un rang brillant & fastueux :
Je fuis ces chemins dangereux
Où nous entraîne la victoire,
Et ces précipices scabreux
Où les mortels ambitieux
Viennent au temple de mémoire
Ériger en présomptueux
Quelque trophée audacieux.

Une ame vraiment amoureuse
Du doux, de l'aimable repos,
Dans un rang médiocre heureuse,
N'ira point en impétueuse
Affronter la mer & ses flots,
Dans la tempête périlleuse
Gagner le titre de héros.

Qu'importe que le monde encense
Un nom gagné par cent travaux ?
L'univers est plein d'inconstance ;
L'on veut des fruits toujours nouveaux,
De l'esprit & de la vaillance,
Et des lauriers toujours plus beaux.

Laissons aux Dieux leur avantage,
L'encens, le culte & la grandeur ;
C'est un bien pesant esclavage
Que ce rang si supérieur :

L'amitié

L'amitié vaut mieux que l'hommage,
Le plaisir plus que la hauteur;
Et le mortel joyeux, volage,
Gai, vif, brillant de belle humeur,
Mérite seul le nom de sage,
Lorsqu'il reconnoît son bonheur.

 Le bruit, les soins & le tumulte
Ne valent pas la liberté;
Et tout l'embarras qui résulte
De l'ambitieuse vanité,
Ne vaut pas le paisible culte
Qu'en une heureuse obscurité
L'esprit rend à la volupté.

 Heureux qui dans l'indépendance
Vit content & vit ignoré,
Qui sagement a préféré
A la somptueuse opulence
L'état frugal & modéré
Qui fait mépriser la richesse,
Et qui par goût & par sagesse
A fidèlement adoré
Le Dieu de la délicatesse,
Des sentimens, de la noblesse,
Seul Dieu d'un esprit éclairé !

 Hélas ! d'une main importune
Déjà je me sens entraîner,
Et sur le char de la fortune
Mon sort me force de monter.
Adieu, tranquillité charmante,
Adieu, plaisirs jadis si doux,
Adieu, solitude savante,
Désormais je vivrai sans vous.

F

Mais non, que peut sur un cœur ferme
L'aveugle pouvoir du destin,
Le bien ou le mal que renferme
Un sort frivole & clandestin ?
Ni la fureur de Tisiphone,
Ni l'éclat imposant du trône
En moi ne pourront changer rien.
Pour la grandeur qui m'environne
Mon cœur n'est que stoïcien ;
Mais plus tendre que Philomèle,
A mes amis toujours fidèle,
Et moins leur roi, leur souverain,
Que frère, ami, vrai citoyen,
Du sein de la philosophie
Et des voluptés de la vie
Tu me verras, toujours humain,
Et d'une allure simple, unie,
Pacifier le genre humain.

ÉPITRE XLVIII.

Rêveur, grognard, sombre Jordan,
De qui la tristesse profonde
Se consume le long de l'an
Sur le mal qui se fait au monde ;
Enfin dites-moi jusqu'à quand,
Triste imitateur d'Héraclite,
Dans votre niche hétéroclite
Morfondrez-vous tous vos talens ?

Esprit né pour les changemens,
Suivez du joyeux Démocrite
L'exemple & les amusemens.
J'admire fort votre sagesse,
Mais qu'à Salente l'on me fesse,
Si je n'y préfère le sel
D'un mot plein de délicatesse,
Joyeux, piquant & naturel.

Voilà tout ce que vous aurez de moi pour le coup.

ÉPITRE XLIX.

Que te dirai-je, sinon que tu fais des vers comme Tibulle, & que tu penses comme Scarron.

Et sur votre lyre savante
J'entends encor la voix qui chanté
De l'immortel Anacréon;
Mais cette volupté qu'il vante,
Étoit beaucoup moins indolente
Que celle de votre Apollon.
Pourquoi, malgré votre foiblesse,
Afficher la froide sagesse
D'un austère fils de Platon?

Personne ne vous en sait gré. Vous martyrisez votre chair dans ce monde, sans obtenir la couronne du martyre dans l'autre. Quelle trifte occupation! Pour moi, qui vis felon les lois d'Epicure & qui ne me refufe point au plaifir je ne tire point vanité d'une fageffe que je ne poffède pas, ni ne me vante des fottifes que je fais.

Adieu. Je vais écrire au roi de France, compofer un folo, faire des vers à Voltaire, changer les réglemens de l'armée, & faire encore cent autres chofes de cette efpèce.

ÉPITRE L.

Crois-tu, Jordan, mon cher enfant,
Qu'à ce maudit frère d'Argens
Je rumine à chaque moment?
Chez moi font d'éternels tourmens :
L'un me dit un mot un inftant,
Un autre me préfente un plan,
Là le procès d'un payfan,
Ici dégoûts d'un courtifan ;
Et moi que ce bruit infolent,
Ce vrai tapage de Satan
Etourdit tout le long de l'an,
Malgré ce fracas que j'entends
Puis-je encor penfer à d'Argens ?

Fais donc venir de d'Argens ce que tu jugeras à-propos, fans me donner la queftion pour une douzaine de bouteilles de vin de plus ou de moins, & sans me fatiguer des vétilles de la Provence. Voici d'autres vers en réponse à Voltaire.

 Je ne fais cas que de la vérité ;
Mon cœur n'est pas flatté d'un séduisant mensonge.
Je ne regrette point, dans l'erreur de ce songe,
La perte du haut rang où vous étiez monté ;
Mais ce qui vous en reste, & que vous n'osez dire,
S'il est vrai que jamais il ne vous soit ôté,
 Vaut à mes yeux le plus puissant empire.

Nos deux faquins de cabrioleurs ont été rattrapés, & leur procès sera instruit dans les formes. Ces coquins ont voulu espadonner; il faut une punition pour mettre des bornes à leur impertinence. Adieu. Je t'admire & me tais.

ÉPITRE LI.

Tu m'as nommé dans ta lettre un mot barbare d'un livre dont Voltaire s'est servi. Dis-moi ce qu'il signifie, car je n'y comprends rien. Ce que je puis t'assurer, c'est que Voltaire a fait une subtile collection de tous les ridicules de Berlin, pour la produire en temps & lieu, & que le secrétaire des impromptus y trouvera sa place, comme moi la mienne : j'ai perdu ces vers qu'il a écrits dans des tablettes, renvoie-les-moi.

> Ah ! ne croyez jamais fincères
> Les beaux propos des beaux efprits ;
> Ils font charmans dans les écrits,
> Mais quand ces Sirènes légères
> Par leurs chants extraordinaires
> Efpèrent vous avoir furpris,
> A ces ravifiantes chimères
> On entend fuccéder des cris ;
> Ils prennent tout à coup des langues de vipères,
> Et leurs louanges mercenaires
> Deviennent d'accablans mépris.

C'eft une petite leçon de ton très-humble ferviteur, dont tu peux profiter; & comme je fais que pour tout au monde il ne faut point parler profe dans ta maifon, je te l'habille en rimes, où à la faveur des jeux & des ris elle pourra fe préfenter devant ton tribunal.

ÉPITRE LII.

PERMETS, fage Jordan, que plein de bile noire
Des maux de mes égaux je te fafle l'hiftoire :
En bien examinant l'humaine infirmité,
Elle nous apprivoife à fa néceffité ;
L'homme, dès le moment que fa foible paupière

---

* Dans l'édition de 1789 sans lieu d'impression, en titre : "Sur les maux de la Vie"

POESIES.

S'ouvre, & qu'il voit du jour l'éclatante lumière,
Nous femble par fes cris & par fon air chagrin
Preffentir quel fera fon malheureux deftin.
En effet la douleur d'abord lui fait la guerre;
De ce monftre odieux tel eft le caractère :
Sous des noms différens il cache fon venin,
Il eft cruel, barbare, & toujours inhumain.
D'abord d'un os aigu revêtant la figure,
Il perce la gencive à l'abri de l'enflure.
Tantôt en nous couvrant de fes bourgeons hideux,
Il laiffe de fes maux des fouvenirs affreux.
C'eft fa rage qui fouffle aux feux ardens des fièvres :
Voyez ce malheureux ; fon ame eft fur fes lèvres,
Et fon fang échauffé, preffé violemment,
De canaux en canaux roule rapidement.
Et toi, fille d'enfer, implacable migraine,
Quel démon t'engendra dans les flancs de la haine ?
C'eft ta douleur horrible & ton affreux poifon,
Qui vainqueur de nos fens troublent notre raifon.
Et toi goutte chronique, & toi trifte gravelle,
Et toi le mal de Roi d'invention nouvelle ;
Vous qui le difputez à tous les autres maux,
Inflexibles tyrans, ou du moins leurs égaux,
Hélas ! que le plaifir en vos tourmens s'expie !
Que les jours paffagers d'une fi courte vie
D'ennemis conjurés, ligués & dangereux
Sentent de noirs complots fe préparer contre eux !
De notre foible corps les maux & la mifère
Nous obligeant enfin d'abandonner la terre,
Alors de tous ces maux le mal le plus fâcheux,
C'eft le médecin même, auffi barbare qu'eux.
C'eft lui qui fait en grec nommer la maladie ;

A hâter le trépas fon métier s'étudie.
Si chez quelque malade on croit à fon favoir,
On l'appelle, & fa vue écarte tout efpoir.
Que le malade crève, ainfi le veut la mode :
De Galien, dit-il, j'ai fuivi la méthode.

 Reconnois à ces traits ramaffés au hafard,
Peints par ma main novice, & fans fecours de l'art,
Les dangers menaçans dont la trifte cohorte,
Soit chez nous, foit ailleurs, fans ceffe nous efcorte.
Ni le fombre réduit où fe tapit le gueux,
Ni l'éclatant dehors d'un palais fomptueux,
Aux dures lois du fort ne peuvent nous fouftraire :
De la mort chaque humain eft né le tributaire ;
Mais pour que fon afpect nous femble moins hideux,
Ayons le cœur, Jordan, d'en occuper nos yeux.
Quiconque fans effroi penfe à fe voir détruire,
Atteint le plus haut point où la raifon afpire :
Le fage eft au-deffus des troubles de la peur,
Et c'eft lui feul qui fait méprifer la douleur.

ÉPITRE LIII.

Jordan, tout bon poëte & tout peintre fameux
Doit exceller furtout par le rapport heureux
Des traits hardis, frappans, dont brille fon ouvrage,
Avec l'original dont il offre l'image.
Le peintre fcrupuleux doit dans tous fes portraits
Imiter le maintien, le coloris, les traits,
Et les effets divers que produit la nature.

Le poëte évitant des mots la vaine enflure,
De juftes attributs habile à fe faifir,
Doit poffeder furtout l'art de bien définir.
Le jugement de l'un eft le coup d'œil de l'autre.
On ne peint point Caton avec un pater-nôtre,
Ni St. Pierre en pourpoint, ni la Vierge en pompons.
Les modes ont leur temps, ainfi que les faifons;
Chaque âge différent porte fon caractère :
L'un eft vif & brillant, l'autre eft trifte & févère,
Et comme chacun d'eux a d'autres paffions,
Il faut pour chacun d'eux d'autres expreffions.
Que fuyant l'ignorance & fuyant la pareffe,
Un rimeur n'aille point, plein d'une folle ivreffe,
Dépeindre la Fortune ou ftable ou fans bandeau,
Ou dérober au Temps fes ailes & fa faux !
Ou donner à la Mort le teint frais d'un chanoine,
Confondre le nectar avec de l'antimoine.
Car pour apprécier un ornement féant,
Un nain ne doit jamais lui paroître un géant,
Un Zoïle ignoré, fameux comme Voltaire,
Broglio pris fans vert, un Condé qu'on révère.
Tout poëte & tout peintre exact, également,
Doit fuir furtout du faux le trifte aveuglement.
Rigide obfervateur de toute bienféance,
Qu'il place les objets felon leur convenance,
Et qu'un roi fur le trône ait le fceptre à la main,
Que Céfar foit vêtu comme un héros romain ;
Que choififfant le vrai dans l'air, dans l'attitude,
Un Erasme, un Jordan foit dépeint en étude,
S'appuyant fur un bras, l'œil vif, fpirituel,
Et l'efprit au deffus du monde fenfuel,

Méditant gravement quelque phrafe oratoire,
Empoignant le papier, la plume & l'écritoire.
 Mufe tout doucement! Sage, difcret Jordan,
Plus aimable qu'Erafme, autant ou plus favant,
Mais plus gueux de beaucoup, grâce au deftin peu fage,
Qui réunit fur toi ton bien, ton équipage,
Qui de livres rongés t'a rendu l'héritier,
Sans feu, fans lieu d'ailleurs, même fans encrier;
Ma Mufe ne pouvant chanter ton écritoire,
Sans faire à nos neveux une impofture noire,
Mais n'en rendant pas moins hommage à tes vertus,
Elle te fervira de ce que fert Plutus.
Reçois donc par mes mains l'inftrument de ta gloire;
Aux enfans d'Apollon il fert de réfectoire,
De tout auteur favant fidèle compagnon,
Organe de qui veut faire afficher fon nom,
Dans le greffe, au barreau, le commis, le notaire
Et Bernard,*) & Fleury, Réaumur & Voltaire,
En font à leur honneur fortir l'encre à grands flots,
Et Rollin des anciens en tire les travaux.
Du fond de ton efprit je vois déjà d'avance
Découler des torrens de fublime fcience;
Je vois déjà rangés fur mes rayons nouveaux
De tes heureux écrits les gros in-folio;
Croître & multiplier, ainfi qu'une famille,
Les livres projetés dont ton efprit fourmille;
Je te vois éclipfé fous leurs nombreux monceaux,
Oublier d'Hans Carvel le merveilleux anneau.
O! Jordan, fouviens-toi que toute étude eft vaine,

*) Le banquier.

Qu'on y perd & fon temps, fa vigueur & fa peine,
Enfin qu'on n'a rien fait en ces terreftres lieux,
Si l'on n'a point appris le fecret d'être heureux.

Vous aurez la bonté de faire la critique de la pièce. Les hyperboles y font outrées ; mais je vous jure qu'il n'y a rien de plus fec & de plus aride que le fujet de l'écritoire que je vous envoie. Il auroit été beaucoup plus naturel de l'accompagner fimplement de deux mots de profe; tout homme fenfé en auroit ufé ainfi. C'eft à la métromanie que je dois reprocher cette fottife, & bien d'autres que j'ai faites dans ma vie. Souhaitez-moi par reconnoiffance que celle-ci foit la dernière.

ÉPITRE LIV.

A La fin j'ai vu ces ***
Dont vous avez chanté la gloire,
A qui nous faifons le procès,
Et dont Vénus pourroit dicter l'hiftoire ;
Ce peuple fou, léger, galant,
Superbe en fa fortune, en fon malheur rampant,
Ce chanfonneur impitoyable
D'un bavardage infupportable
Veut cacher fon efprit auffi fot qu'ignorant.
Il adore la bagatelle;

A cette idole il est fidelle,
mais d'ailleurs toujours inconstant.
Non, de ce peuple, ami, vous n'êtes plus du nombre ;
De cette fange impure on vous vit percer l'ombre,
Et le ciel des enfers ne peut être plus loin :
Vous penfez, ils ne penfent point.

POÉSIES
VARIÉES.

AU MARQUIS
D'ARGENS.

Redoutez-vous, Marquis, la clameur importune
  De nos ennemis les bigots?
  Enhardis par mon infortune
Vous les voyez fur moi s'élancer à grands flots;
Je compare ces cris des docteurs idiots
A ceux d'un gros mâtin aboyant à la lune;
L'aftre, fans y prêter attention aucune,
Continue en repos fon majeftueux cours.
Ayons un fens de moins, Marquis, rendons-nous fourds;
Et fachant imiter cette augufte planète,
Laiffons le fanatique au fond de fa retraite
Librement contre nous tempêter & hurler,
Ses malédictions ne pourront nous troubler.
  Que m'importe que me refpecte
  Un fcarabée, un vil infecte?
Il ne mérite pas qu'on daigne l'écrafer.
Ce font-là les beaux fruits que m'ont valu mes Œuvres.
J'ignore par quel tour & par quelles manœuvres
  Quelque fcélérat de métier
A l'aide du larcin a pû les publier;
Amant refpectueux des filles de mémoire,
Reçu chez Calliope, admis près de Clio,
  Sans être infenfible à la gloire,
  J'étois poëte incognito.
Je n'ai jamais voulu m'affichant pour poëte,
Etourdir les paffans du bruit de ma trompète,
Ni répandre mes vers dans l'idiot public,

De fes vains préjugés efclave pour la vie :
Je ne fuis pas fi fou, & n'eus jamais le tic
　　D'éclairer fon foible génie
Aux rayons du flambeau de la philofophie.
　　Peut-il fentir, peut-il goûter
　　Des vers où le bon fens s'allie
　　Aux grâces de la poëfie ?
　　Il n'eft fait que pour végéter.
　　Je l'abandonne à fa bêtife :
　　L'erreur eft fa divinité ;
　　Et tout auteur le fcandalife
　　Qui lui montre la vérité.
Quand encor le démon du Pinde me domine,
　　Que mon efprit appefanti
Se ranimant, excite un feu presque amorti,
S'il m'échappe en riant une pièce badine,
　　Sans que mon nom foit compromis,
Sans penfer au public, ma Mufe la deftine
　　A défennuyer mes amis.

ÉPITRE
AU MARQUIS
D'ARGENS

Sur la prife de Schweidnitz.

SI j'étois le bon homme Homère,
Je chanterois en beaux vers grecs
Ni chevillés, ni durs, ni fecs,

POESIES.

Le grand exploit qu'on vient de faire:
  Si j'étois Monfieur de Voltaire,
Par le Dieu du goût infpiré,
Et par conféquent fûr de plaire,
Je vous peindrois Schweidnitz livré
A Taüenzien, à ce Le Fèvre,
Dont les bras l'ont récupéré,
Et de loin de colère outré,
Laudon, qui s'en mord bien la lèvre.
  Ne me croyez point affez fou
Pour fabriquer une Iliade
Sur ce fiége achevé par nous :
Je laiffe la rodomontade
A l'orgueil révoltant & fadé
Dont s'infatuent de nos jaloux.
  Enfin la place eft donc reprife,
Et nous réparons la fottife
De ce butor de Commandant
Qui la perdit naguère un an.
  Les poftillons pourront vous dire
Ce que j'omets ici d'écrire
Du feu, des bombes, du canon;
Des approches, fappes, tranchées,
Des paliffades arrachées,
Du globe de compreffion,
Des affauts, des brèches jonchées
De pandours fans confeffion
Précipités dans l'Achéron.
  Ma Mufe humaine & plus timide,
Ni de fang, ni de mort avide,
Abhorre ce lugubre ton.
Qu'une autre Mufe bourfoufflée,

Chante l'Europe défolée,
Victime de l'ambition :
Dans les champs de la fiction
Je choisis plutôt des images
Qui plaisent aux esprits volages,
Que les feux & l'explosion
Du Véfuve & de ses ravages.

Quand de Noé le beau pigeon,
Vrai messager de patriarche,
L'olive au bec, volant à l'arche,
Apportera dans ce canton
La nouvelle tant désirée
D'une paix sûre & de durée ;
Alors tout rempli d'Apollon,
Cédant à l'ardeur qui m'embrase,
Et piquant des deux mon Pégase,
Je volerai vers l'Hélicon.
Mais en passant, je vous supplie,
Que ma Muse fort affoiblie,
Et que le froid de l'âge atteint,
Ranime son feu presqu'éteint
Au brasier de votre génie.

Ah ! Marquis, quelle est ma manie !
Tandis que par Bellone astreint
A risquer chaque jour ma vie
Pour les foyers de ma patrie,
Plus Dom Quichotte que jamais
Je ferraille encore à l'excès
Contre la grande hydre amphibie
Que compose la Germanie,
Au très-Chrétien Roi des François
Par la Pompadour réunie,

Jointe à la Suède, à la Russie,
Dois-je, hélas! penser à la paix?
　Cette paix se fera sans doute :
Quand? & comment? Je n'y vois goute.
Mon ame lente à s'agiter,
N'a pas le don de s'exalter.
Très-incrédule en fait d'augure,
J'ignore encore incessamment
Quelle espèce d'événement
Produira l'aurore future;
Et bien moins puis-je deviner
Quand ces potentats en démence,
Las enfin de nous ruiner,
Arrêteront leur insolence.

　Ah! quel Roi, quel sot animal!
S'écrira mon Marquis caustique,
Qui trottant comme un caporal,
Ignore de la politique
Le grimoire conjectural.
Quoi! d'une infortune imprévue
Il s'en prend au sort, il s'en plaint?
Un Monarque à si courte vue
Devroit loger aux Quinze-Vingts.

　Ah! Marquis, n'allez pas si vite;
Souffrez plutôt que je vous cite
Un trait du nouveau Testament.
　Apprenez donc par mon organe
Que les scribes impunément
A l'homme-Dieu cherchant chicane,
Lui montrèrent publiquement
Une Israëlite adultère,
Lui demandant quel châtiment

Elle méritoit pour falaire ?
  L'homme-Dieu, doux & débonnaire,
Leur répondit très-fenfément :
Race pécherefſe & perfide,
Qui de vous fe croit innocent,
Lève une pierre & la lapide.
  Aucun fcribe ne lapida,
Et confondu par le Meſſie
Chacun fe tut & s'en alla,
Et voilà mon apologie.
  Croyez, Marquis, que ce trait-là
A mon fujet très-bien s'applique.
Depuis Machiavel à Kaunis
De Richelieu jusqu'à Bernis,
Il ne fut point de politique,
Puſſiez-vous tous les réunir,
Dont la raifon géométrique
Ait pu déchiffrer l'avenir.
  Qu'ils viennent donc à la barrière,
Ces grands fcrutateurs du deftin,
Et qu'un infaillible devin,
En levant la main la première,
A l'honneur de l'efprit humain
Sur moi lance à l'inftant fa pierre.

ÉPITRE
AU MARQUIS
D'ARGENS,

Sur un rhume que lui guérissoit le médecin Lieberkulm.

Vous ignorez jusqu'à préfent
D'où vous vient cette maladie
Qui vous mène touffant, crachant,
Sous terre en trifte compagnie.
 De votre docteur ignorant,
Qui jafe avec effronterie,
Et vous farcit très-lourdement
Des drogues de fa pharmacie
Et de grands mots d'anatomie,
Vous croyez le raifonnement.
Que vous dit-il? Que votre vie
Eft dans un danger imminent.
 On voit que votre mal empire,
C'eft une vérité de fait.
Le médecin doit-il redire
Ce que par malheur chacun fait?
Vous foulager eft fon affaire;
Mais faifir les fources du mal,
C'eft ce dont votre original
Paroît ne s'embarraffer guère.
 Hier au foir tout folitaire

Je réfléchiſſois à loiſir
Sur les moyens de vous guérir;
Je diſois : ô Deſtin contraire!
Contre d'Argens qui peut t'aigrir?
Ne pourſuis plus en ta colère
Sa perſonne qui m'eſt ſi chère;
Le Marquis ne doit point mourir.
 De larmes mes yeux s'obſcurcirent;
Fatigué, mes ſens s'aſſoupirent,
Et las de m'entendre gémir,
Le doux ſommeil vint m'endormir.
 Pendant qu'ainſi je me repoſe,
L'eſprit encor plein des regrets
De vos maux & de leurs progrès,
Ma paupière à peine étoit cloſe,
A peine je m'aſſoupiſſois,
Que ſoudain du fond d'une nue
Paroît un fantôme à ma vue,
Tout environné d'argumens
A l'œil vif, aux regards perçans;
La Vérité, ſi peu connue,
L'aimoit comme un de ſes amans,
Et de ſes rayons éclatans
Ombrageoit ſa tête chenue.
C'étoit Bayle, qui ſi long-temps
Lutta contre les vrais croyans.

 „ Je viens du palais d'Uranie,
„ Dit-il, pour te ſauver d'Argens :
„ C'eſt mon fils, je ſuis ſon Élie;
„ Que mon eſprit le fortifie.
„ Ses docteurs font des ignorans;

,, Son mal n'eſt point la pulmonie,
,, C'eſt réplétion de génie;
,, Il faut que ſon cerveau purgé,
,, Soit ſubitement déchargé,
,, Par une main ſage & hardie,
,, Du fiel que contre les bigots
,, Il a diſtillé dans ſon ame:
,, Sinon, tu verras qu'Atropos
,, Va ſans pitié trancher ſa trame.
,, Laiſſe-lui déchirer * * *;
,, Qu'il travaille ſur Ocellus,
,, Et que ſon ardeur ranimée
,, Commente longuement Timée,
,, En frondant cet amas d'abus
,, Dont tous les peuples ſont imbus. ,,
 Il diſparoît, & je m'éveille.
Ah! Marquis, mettez à profit
Le récit de cette merveille;
Qu'il ſoit ainſi que Bayle a dit.
 Déjà votre teint s'éclaircit,
Votre peau redevient vermeille,
La mort vous reſpecte & s'enfuit,
La ſanté paroît, votre rhume,
Se diſtillant par votre plume,
Répandra ſon impureté,
Son venin & ſon âcreté
Sur plus d'un monſtrueux volume.
Tremblez, pédans, docteurs fourrés,
Qui de vos myſtères ſacrés,
Et d'un ramas d'abſurdes fables,
Amuſez les ſots mépriſables
Dont vos autels ſont entourés.

Déjà sa trompette résonne,
La renommée en tous lieux sonne,
Par-tout on l'entend proclamer
Que votre toux vous abandonne,
Que vous vous sentez enflammer
De courroux contre la sorbonne.
  Tous les bigots de s'alarmer :
Chacun d'eux craint pour sa personne ;
On croit dans leur tripot bouffon
Que vous, nouveau Bellérophon,
Vous terrasserez la Chimère :
Leur saint troupeau s'en désespère.
  Tel quand de ses puissantes mains
Jupiter saisit son tonnerre,
On voit de crainte sur la terre
Trembler l'amas des vils humains ;
Ainsi le Marquis de son foudre
Va frapper & réduire en poudre
L'erreur, les prêtres & les saints.

ÉPITRE
AU MARQUIS
D'ARGENS,

Sur le rhume qui avec Lieberkuhn le tenoient au lit.

Vous ignorez jusqu'à présent
D'où vous vient cette maladie
Qui vous mène crachant, toussant,

A la fin de la comédie
Que tout mortel joûra céans.
 N'en croyez point la pharmacie,
Ni l'absurde raisonnement
D'un docteur dont l'effronterie
Veut prouver par l'anatomie
Que vous souffrez réellement,
Et qui pour vous rendre à la vie
Va vous droguer cruellement.
 Long-temps, à tête réfléchie,
Sur vos maux que Babet publie,
J'avois usé mon jugement.
 Une nuit où tranquillement
Je dormois, mon ame assoupie
S'abandonnoit tout mollement
Aux accès de sa rêverie,
Lorsque je crus voir Uranie
Dans la main un compas tenant :
,, Je suis depuis long-temps l'amie,
,, Dit-elle, à mon lit s'approchant,
,, De ce d'Argens qu'on vous envie.
,, Apprenez quelle est l'ennemie
,, Qui le poursuit si vivement ;
,, Son nom est la Théologie.
,, Non, il n'est point dans tout l'enfer
,, Un monstre plus abominable,
,, Son cœur est plus dur que le fer,
,, Sa haine est toujours implacable.
,, Son courroux naquit sûrement
,, D'un mot que par plaisanterie
,, D'Argens a lâché sur ***,
,, Ou d'un trait plus fin, plus sanglant

„ Contre le ******.
„ Depuis ce jour sincèrement
„ Elle hait sans discernement
„ Philosophe & philosophie.

Dans son premier emportement,
Son poil affreux se hérissant,
Tout ce qui s'offre à sa furie
D'abord elle l'excommunie.
Eh quoi ! l'on ose m'attaquer,
Dit-elle ; & quelle main hardie
Sans trembler peut me critiquer,
Et publiquement démasquer
Mes tours de charlatanerie ?
Ah ! qu'il apprenne à respecter,
Cet infame apostat, ce traître,
Tous ceux à qui sans les connoître
Il a le cœur de se frotter.

Qu'importe que mon crédit baisse,
Que la sainte inquisition
Ne rôtisse plus en mon nom,
Par zèle & par délicatesse,
Tous ces fous dont l'opinion,
Contraire à mon ambition,
Ou me scandalise, ou me blesse ?

Non, non, je ne suis pas si bas,
Pour dévorer ces attentats,
Sans manifester ma vengeance :
J'ai des moyens en abondance ;
Je veux m'en servir dans l'instant.
Elle part, & va promptement
Chez sa sœur la Sorcellerie.

Là, tout ne vit que par magie
Son antre affreux n'eſt point réel;
On y voit des images vaines,
Et des fantômes par centaines,
Mercure, Aſtaroth, Gabriel,
Des Satyres & des Sirènes;
Là, penſant lire dans les cieux,
On bouffit les ambitieux
Des vains objets & des chimères
Qu'avoient trop adoptés nos pères.

Là, s'eſt tapis le vieux ſerpent,
Et ſon tortueux inſtrument,
Dont Eve fut un peu tentée,
Quand la pomme elle eut entamée;
Ce qui très-malheureuſement
Nous maudit éternellement.

C'eſt-là qu'arriva la harpie
Digne d'habiter ce ſéjour;
Elle ſe preſſe avec furie
Entre les farfadets de cour,
Et près du trône auſſi-tôt crie:
Sachez, ma ſœur, qu'on m'humilie;
Un François, un Marquis maudit,
Veut nous ravir notre crédit:
C'eſt un philoſophe, un impie;
Il rit de la crédulité,
Il veut pour comble de folie
N'admettre que la vérité.

Ah! ma ſœur, il faut qu'on le tue,
Ou pour jamais je ſuis perdue;
Et vous auſſi, car vos deſtins
Sont en tout ſemblables aux miens.

Allons, que votre art s'évertue ;
Broyez-moi, fans perdre de temps,
Les poifons les plus violens.
 Oui, lui répondit la forcière,
J'exaucerai votre prière ;
Je veux que ce Marquis d'Argens,
Notre ennemi depuis long-temps,
Pour payer fon effronterie,
Soit atteint de la pulmonie.
 Mais il nous faut des actions
Et non pas de vaines paroles ;
Faifons nos conjurations,
Leurs vertus ne font pas frivoles.
 Puis fon efprit aliéné
Se trouble & tombe en frénéfie.
Telle montant fur fon trépied
Parut à Delphes la Pythie.
Son corps s'agite, elle frémit,
Puis d'un ton terrible elle invoque
L'aftre préfidant à la nuit ;
Aux durs accens de fa voix rauque
La terre tremble & le jour fuit ;
Tout fe confond dans la nature,
Et parmi ce trouble & ce bruit
On entend un affreux murmure ;
Eole a déchaîné les vents :
Déjà cette forcière impure,
En foulevant les élémens
Avec les aquilons barbares,
Sur un tas de vapeurs chargea
Des afthmes, rhumes & catarres,
Et les pouffant, les obligea

De fondre tous fur la retraite
Que le bon Marquis s'étoit faite.
  Précédés de longs fifflemens
Arrivèrent les ouragans;
A vous, par un effet magique
Tout leur venin fe communique.
Voilà mon Marquis alité,
Touffant, crachant comme un étique,
Et moi dans la perplexité.
  Tandis que fur vous fe déploie
Le mal avec fon âpreté,
Quel eft le triomphe & la joie
Qui brille avec férocité
Dans les yeux de votre Mégère !
  C'en eft fait de la vérité,
Dit-elle, & mon règne profpère.
Elle croit que dans les poumons
Confifte toute l'éloquence,
Et qu'un rhume & des fluxions
Réduifent un fage au filence;
Car elle entendoit l'ignorance
Plus applaudir dans des fermons
Les cris aigus, que la fcience.
  Mais mon Marquis l'attrapa bien;
Si la toux le force à rien dire,
Sans pérorer il fut écrire,
Et lui dédia Julien

ÉPITRE
AU MARQUIS
D'ARGENS.

Ah! cher Marquis, quel grand sujet d'envie!
Vous n'êtes plus le seul dont Atropos
Dans nos cantons ait menacé la vie;
Tout comme vous j'eus une maladie;
Un gros catarre en m'accablant de maux
A de Berlin réjoui les bigots.
Mon sang pressé trottant de veine en veine,
S'accumulant, oppressoit mon cerveau,
Et redoubloit la fièvre & la migraine.
De mes poumons en forme de jets d'eau
On vit jaillir des gerbes d'écarlate.
J'ai vu pâlir les enfans d'Hippocrate;
Mais glorieux qu'avec ces maux exquis
Je puis au moins ressembler au Marquis,
Je m'en console & mon orgueil s'en flate.
 Mon corps étoit de rouge tacheté,
Ainsi qu'une panthère marqueté.
Ah! ce récit vous émeut & vous touche,
Vous m'enviez, l'eau vous vient à la bouche;
J'en lis la marque en votre œil irrité;
Car vous croyez que chacun vous dégrade
Qui comme vous prétend être malade.
 Mais, calmez-vous, je ne suis qu'apprentif;
Je n'atteins point à la longue tirade

De tous vos maux au cortège plaintif.
Gardez-les donc, mais fans qu'ils vous excèdent ;
Selon vos vœux de long-temps ils poffèdent
Sur votre corps privilége exclufif.
   Obftructions, vapeurs d'hypocondrie,
Relâchement, colique, ftrangurie,
Tranfports ardens, catarres, fluxions,
Poumons crachés, fièvre d'efquinancie,
La galle aux doigts, des ébullitions,
Un flux de fang, tantôt paralyfie,
Vomiffemens, vertiges, pamoifons,
Sont tous des maux remplis de courtoifie,
Prêts d'obéir à votre fantaifie,
Et que chez vous, cher Marquis, tour-à-tour
Exactement on trouve être du jour ;
Ainfi qu'on voit d'infames parafites,
Des fouverains ferviles fatellites,
De leur effaim déshonorer la cour.
   Ces maux affreux caufent notre martyre,
Par eux enfin nous nous voyons détruire ;
Mais près de vous trop familiarifés,
Par mauvais goût ou par bizarrerie,
Depuis vingt ans, Marquis, vous vous plaifez
Dans leur funefte & trifte compagnie,
Et préférez par fingularité
L'état fâcheux de fouffrir maladie,
Au doux plaifir qui naît de la fanté.
   Malade enfin par état, par coutume,
Un poële ardent dans le lit vous confume ;
Et s'il avient dans un temps limité
Qu'Eguille un jour proprement vous inhume,

Tome I. *

Sur votre tombe, au pied du grand autel,
Seront ces mots crayonnés par ma plume :
» Ci-gît, paſſant, l'auteur de maint volume,
» Mort de frayeur d'avoir été mortel. »

Ah ! qu'un héros dans une tragédie
En cent périls ſe puiſſe embarraſſer,
Qu'à tout moment on tremble pour ſa vie,
C'eſt là la règle, il doit intéreſſer.
Mais vous, Marquis, qui ſavez qu'on vous aime,
Comment ? pourquoi ? par quel travers extrême
De vos dangers nous faut-il menacer ?

Là, près de vous, poudreuſe de l'école,
Ne vois-je pas l'inſolent hyperbole
Aux yeux taillés en deux tubes parfaits,
Amplifier, groſſir tous les objets ?
Elle gangrène une foible piqûre ;
Ou par malheur, ſi ſur votre encolure
Dans le miroir vos regards inquiets
Ont le ſoupçon d'une légère enflure,
Elle prédit votre prochain décès ;
Et quand Éole en vos boyaux murmure,
Vous ſuppoſez qu'il va dans les forêts
Pour vous cueillir de funèbres cyprès.

Chaſſez, Marquis, ce monſtre qui m'outrage ;
Qu'il n'entre plus dans le palais d'un ſage :
Je hais l'erreur, je hais la fauſſeté,
Des fictions le frivole étalage
Qui défigure & perd la vérité.

Ne penſez plus à tous ces noirs fantômes ;
Ne craignez plus la mort, ni ſes ſymptômes,
Qui juſqu'ici de vos plus heureux jours
Ont ſans relâche empoiſonné le cours.

Ah ! que mon bras à jamais vous délivre
De ces frayeurs qui troublent votre fort :
Penfez-y bien ; vous négligez de vivre
Par la terreur que vous donne la mort.
En attendant le temps fuit & s'envole.
Déchirez-moi ce vilain protocole
Que vous tenez, & de votre urinal,
Et de ce pouls au galop inégal.
Tandis qu'encor Lachéfis pour vous file,
Sans toujours craindre & fans toujours ouir
Ce que vous dit un docteur imbécile,
De votre temps apprenez à jouir.

ÉPITRE
AU COMTE HODITZ,
Sur Roswalde.

O, Singulier Hoditz ! vous qui né pour la cour,
Avez fui, jeune encor, ce dangereux féjour,
Libre des préjugés qui trompent le vulgaire,
Vous riez de ces fous dont l'efprit mercenaire
N'amaffe des tréfors que pour les dépenfer ;
De ces fats dont l'orgueil fait fi bien s'encenfer,
Se dreffe, fe rengorge, & fe mire en fes plumes ;
Et de ces fombres fous qui dans les amertumes,
Toujours pour leur grandeur occupés de projets,
S'épuifent en travaux fans réuffir jamais,
Mécontens du préfent à leurs vœux peu fortable,

Cherchent dans l'avenir un fort plus favorable.
Vous avez rejeté ce dangereux poifon ;
Vous bornez vos délirs à fuivre la raifon.

 Etre heureux en effet, c'eft bien la grande affaire :
L'orgueil eft à mes yeux une trifte chimère.
A quoi vous eût fervi que valet grand feigneur,
Vous euffiez quarante ans déchauffé l'Empereur ?
Il eft beau d'approcher de près du diadème ;
Mais il vaut mieux encor dépendre de foi-même :
Ainfi vous avez fu d'un choix prémédité
Préférer aux grandeurs l'heureufe liberté ;
Sans fafte & fans apprêts, guidé par la nature,
Même fans y penfer difciple d'Epicure.

 Roswalde en héritage entre vos mains paffé
Le difputa bientôt au palais de Circé,
Et ce bourg ignoré du Tanaïs à l'Ebre,
Graces à vos talens eft devenu célèbre :
Ce n'eft plus ce donjon fombre & peu fréquenté
Qu'à peine on toléroit pour fon antiquité ;
C'eft un féjour divin ; les yeux & les oreilles
S'étonnent d'y trouver cent charmes, cent merveilles ;
Le Taffe & l'Ariofte en deviendroient honteux,
S'ils voyoient vos travaux les furpaffer tous deux.
Là des enchantemens l'ingénieux preftige
Produit à chaque inftant prodige fur prodige ;
Tout refpire, tout vit, tout être eft animé.
Par un charme foudain ce bois eft transformé ;
C'eft un jardin fuperbe, & là-bas par miracle
Vous lifez dans un puits les arrêts d'un oracle.
La nature paroît obéir à vos loix ;
Tout s'arrange, fe fait, fe plie à votre choix :
Tandis qu'en avançant, on examine, on caufe,

L'œil est soudain frappé d'une métamorphose :
En fuyant Apollon, plus prompte qu'un coursier,
Daphné subitement se transforme en laurier.
Là j'apperçois Renaud dans le palais d'Armide;
Ici sont tous les Dieux célébrés par Ovide,
Vénus, Pallas, Diane, Apollon, Jupiter,
Neptune, Mars, Mercure & le dieu de l'enfer.

 Ces Dieux, qui n'existoient qu'au code poëtique,
Ont retrouvé chez vous autels & culte antique :
Des prêtres revêtus d'habits pontificaux
Amènent la victime, & puis de leurs couteaux
L'égorgent en l'offrant aux Dieux en sacrifice;
Ils aspergent l'autel du sang de la génisse;
Ils invoquent ces Dieux, l'encens fume pour eux.

 Que l'ombre de Symmaque approuveroit vos jeux,
Si dans ce nombre outré de cultes ridicules
Dont on charge à plaisir les peuples trop crédules,
Il voyoit par vos soins ressusciter le sien !
Mais vous aimez la fable en restant bon chrétien,
Et sans que la vraie foi puisse en être alarmée,
Vous pouvez vous créer tout un peuple pigmée :
Je crus dans leur cité, quand leur essaim parut,
Etre avec Gulliver tombé dans Lilliput :
Je semblois un géant envers cette peuplade,
Typhée, ou Géryon, ou du moins Encelade;
Et la cité bâtie à leur proportion
N'avoit point de clocher qui m'atteignît au front.
Telle Virgile a peint la naissante Carthage,
Où tout un peuple actif s'empressoit à l'ouvrage,
Et travailloit aux murs qu'avoit tracés Didon.

 Bientôt d'autres objets nous font diversion :
De voix & d'instrumens la douce mélodie

Par un plaisir nouveau change & diversifie
Tout ce qu'ont prodigué les charmes précédens :
Tant l'esprit des humains se plaît aux changemens !
Tantôt c'est l'opéra, tantôt la tragédie,
Ou bien la pantomime, ou bien la comédie,
Qui viennent tour à tour par leur variété
Ecarter les ennuis de l'uniformité.

 Mais ferai-je muet au sujet des actrices,
Ces Vestales qu'encor je ne crois pas novices,
Qui venant étaler leurs grâces, leurs appas,
Semblent briguer l'honneur de passer dans vos bras ?
Ce serrail de beautés qui forment les spectacles,
N'aiment que leur Sultan, respectent ses oracles ;
Sa volonté décide & marque leur devoir ;
Il fixe leur destin en jetant son mouchoir.
Ce Sultan, cher Hoditz, vous le devez connoître ;
De ces lieux enchantés n'est-ce pas l'heureux maître ?
Génie infatigable, inépuisable, égal,
Et qui toujours nouveau demeure original.
Ainsi vos jours heureux sans embarras s'écoulent,
Les Amours enfantins & les plaisirs les moulent.

 Lorsque dans vos jardins, vers la fin d'un beau soir,
La rivale du jour vient de son crèpe noir
Obscurcir les objets de la nature entière,
Vous parlez, & d'abord reparoît la lumière.
Tel Dieu créant ce monde auquel il se complut,
Dit : Que le jour paroisse, & la lumière fut.
A Roswalde aussi-tôt cent raquettes s'élancent,
Et remplissent les airs des feux qu'elles dispensent,
De leur gerbe brillante éclairent l'horizon,
Et semblent suppléer au char de Phaëton.
Vos prestiges de l'art égalent la nature.

Mais ce jour fortuné penche vers fa clôture.
Pour le finir ainfi qu'il l'avoit commencé,
Mon Comte va choifir dans fon peuple empreffé
Un tendron de quinze ans : grands Dieux qu'elle étoit belle !
Le fameux Phidias, l'élégant Praxitèle,
En elle auroient cru voir une Divinité ;
Si ce n'étoit Vénus, c'étoit la Volupté ;
Les charmes enchanteurs, les grâces l'ont pêtrie.
Elle doit cette nuit lui tenir compagnie ;
L'Amour qui l'apperçoit, en rit malignement ;
Ses rivales en feu s'en plaignent vivement.

Ah ! qu'il eft difficile en un ferrail de belles
De contenter fon goût fans caufer des querelles !
Toutes comme Vénus & Pallas & Junon,
S'attendoient au mouchoir ; chacune avoit raifon.
Le plus fage des rois en entretenoit mille ;
S'il pouvoit y fuffire, il étoit plus qu'habile ;
Mais mon Comte après tout peut bien être aujourd'hui,
Sans qu'il foit Salomon, plus Hercule que lui.

Comment pourrai-je enfin tout conter, tout décrire ?
Les mots me manqueroient pour peindre & vous redire
Les plaifirs différens qu'on favoure en ces lieux ;
Vous n'en approchez pas, triftes plaifirs des cieux !

C'eft ainfi qu'au deffus des pompeufes chimères
Qui flattent les mortels de deftins plus profpères,
Vous vous êtes choifi le plus fortuné fort,
Et libre de foucis, tranquille au fein du port,
O Comte ! vous favez jouir, penfer, produire ;
Auffi des voluptés l'ingénieux délire
Par-tout fème de fleurs les traces de vos pas.

C'eft dans ce choix fur-tout qu'on diftingue ici-bas
Le jugement du fou du jugement du fage.

Dans les jours fugitifs d'un court pélérinage,
L'un s'accablant de foins, de peines, d'embarras,
Eft, toujours projetant, furpris par le trépas ;
L'autre voit des objets le néant, la folie,
Profite des plaifirs & jouit de la vie.
C'eft votre lot, cher Comte, il faut vous y tenir :
Le plaifir eft le Dieu qui vous fait rajeunir.
Puiffiez vous en fanté, dans le fein de la joie,
Paffer encor long-temps des jours filés de foie !

ÉPITRE
A LA REINE DOUAIRIERE
DE SUEDE.

Quoi donc, ô tendre fœur ! l'amour de vos parens
Vous a fait affronter Neptune & les autans ?
Les abymes ouverts d'une mer oragéufe
N'ont point épouvanté cette ame courageufe,
Qui vous faifant quitter le trône & vos Etats,
En comblant tous nos vœux vous remet en nos bras.
C'eft en vain que le temps, l'éloignement, l'abfence,
Ont fourdement miné votre auftère conftance ;
Six luftres révolus n'ont donc pu réuffir
A nous ôter, ma fœur, de votre fouvenir ?
Des droits facrés du fang l'inviolable empreinte,
De nœuds jadis formés, refferre encor l'étreinte.
Qu'un auffi grand exemple éclaire les mortels !
Affez & trop long-temps auprès de fes autels

L'Amitié languiſſoit iſolée en ſon temple;
Dans nos jours dégradés il n'étoit point d'exemple
Que deux cœurs généreux, vrais & conſtans amis,
Sans un vil intérêt fuſſent toujours unis.
Le temple étoit déſert, il menaçoit ruine,
Quand pour le réparer parut une héroïne:
Sur ſon front éclatant luit l'étoile du nord,
La douce majeſté s'annonce à ſon abord:
Elle eſt par la Déeſſe en ſon temple reçue;
Ses décombres plaintifs ont attriſté ſa vue,
Mais c'eſt par ſon ſecours qu'on va les relever.

 Ma ſœur, c'eſt donc ainſi que vous oſez prouver,
En dépit des fureurs & des cris de l'envie
Contre les cours des rois, & leur règne & leur vie,
Qu'en nos jours la vertu peut trouver dans ces cours
Des cœurs aſſez parfaits dignes de ſes amours.

 Allez, vils artiſans de fraude & de menſonge,
Répandre *) ſur les rois tout le fiel qui vous ronge;
Vos efforts inſenſés ſont déformais perdus;
Ulrique en prendra ſoin, on ne vous croira plus.
Par des traits trop frappans elle a ſu vous confondre;
Contre l'expérience il n'eſt rien à répondre.
Rentrez dans le néant dont vous êtes ſortis,
Mépriſés, déteſtés, confondus, avilis;
Le coup qui vous écraſe, eſt émané du trône:
C'eſt venger noblement les droits de la couronne,
Quand par l'aſpect frappant de toutes les vertus
On atterre à ſes pieds les monſtres confondus.

*) L'auteur du Syſtème de la nature, qui conſeille le régicide. L'auteur des Préjugés, qui adopte les mêmes maximes. Ils appellent les cours les foyers de la corruption publique.

Vous allez donc, ma sœur, sur les traces d'Hercule
Par de nobles travaux vous rendre son émule,
Ecraser sur vos pas les calomniateurs,
Du vulgaire égaré dissiper les erreurs,
Venger les opprimés, & montrer qu'une Reine
Peut encor sur les cœurs régner en souveraine.
 Qu'il est beau de donner d'aussi grandes leçons!
Ah! pour vous admirer, ma sœur, que de raisons!
Avez-vous vu nos cœurs voler sur le rivage,
Vous attendre à Stralsund, à votre heureux passage
Les peuples vous bénir, nos vœux vous devancer?
Sans doute en ce moment vous avez dû penser:
Quelque odieux que soit l'éclat du diadème,
Si le vice me craint, tout cœur vertueux m'aime;
Mes frères, mes parens, ma famille, mes fils,
Sont tous par sentiment mes fidèles amis.
 Ah! puissiez-vous, ma sœur, un temps immémorable
Profiter & jouir d'un sort si favorable!
Le rang, ni les grandeurs, ne font pas les heureux:
Il en est moins encor chez ces ambitieux,
Qui de commandemens & de puissance avides,
Par des tourmens pareils à ceux des Danaïdes,
Sans remplir leurs désirs se laissent consumer...
Ma sœur, on n'est heureux qu'autant qu'on sait aimer.

ÉPITRE

A MA SŒUR AMÉLIE,

En paſſant la nuit ſous ſa fenêtre pour aller en Siléſie.

Sommeil, auteur du doux repos,
Reſtaurateur divin de la ſanté perdue,
 Répands & jette tes pavots
Sur les yeux de ma ſœur dans ſon lit étendue.
 Fais voltiger ſur ſon chevet
  Les rêves les plus agréables ;
Qu'elle entende les voix, rêvant ſur ſon duvet,
Des Nymphes d'Apollon, de Sirènes aimables,
  Chantant en chœur & d'un ſon net
  La tablature chromatique,
  Du *Contrapunto* pathétique,
  Mêlé des plus ſavans motets,
  Tous harmoniques & bien faits.
  Qu'aucun rêve effrayant n'altère
Où n'échauffe ſon ſang en ſa courſe ordinaire ;
  Que la ſanté, dès ſon réveil,
  Et la vigueur, ſa ſœur cadette,
  L'accompagnent à ſa toilette,
Demain, dès que le jour finira ſon ſommeil.
  Pour moi, que le deſtin lutine,
Toujours dans des travaux, toujours forcé d'errer,
De fatiguer ſans fin ayant pris la routine,

Tome I. *

Je confens que Morphée ofe encor me fruftrer
Du doux repos, ma fœur, que mon cœur vous deftine;
 Et fi vous en jouiffiez,
Mes veilles & mes foins feroient tous oubliés.
 Puiffiez-vous donc dans votre afile,
  Loin du fracas, loin de l'ennui,
  En confervant l'ame tranquile,
Paffer des jours heureux, & de plus douces nuits!
 Penfant, ma fœur, que par-tout où je fuis,
  En quelque temps que ce puiffe être,
  Abfent, ou bien à vos genoux,
 L'attachement que je garde pour vous
Jufqu'au tombeau, ne peut jamais s'accroître.

ÉPITRE
A LA REINE DE SUEDE.

Non, ma fœur, les grandeurs, les couronnes, les mitres,
L'amas accumulé des plus fuperbes titres,
Ces fymboles pompeux de notre vanité,
Ne fauroient cimenter notre félicité.
Du plus vil des humains aux têtes couronnées,
Tout mortel eft foumis aux loix des deftinées,
A fouffrir, à fe plaindre, à déplorer fes maux;
Les dehors font divers, les états font égaux.
Qu'importe donc quel rang décore ma mifère!
Le bonheur n'eft point fait pour ce trifte hémifphère.
Sous la pourpre ou la bure obligé de fouffrir,
Il eft égal des deux qui fert à me couvrir.

A trouver ce bonheur on confume fa vie ;
Peu d'humains ont joui de fa fuperficie :
L'un penfant le trouver en de vaftes palais,
Quitte en le pourfuivant fes paifibles forêts,
Et fes troupeaux féconds, fon champ, fon toi de chaume ;
Il arrive, & foudain difparoît le fantôme.

Les grands remplis d'efpoir, d'orgueil, d'ambition,
Adorent du bonheur l'aimable fiction,
Et pour le poffédér, de l'ardeur la plus vive
Ils pourfuivent en vain cette ombre fugitive ;
Au lieu de la faifir, ô perfides deftins !
Ils trouvent des foucis, des revers, des chagrins.

Tel eft le fort commun de ces rois qu'on envie ;
Par leur éclat trompeur la vue eft éblouie :
En les voyant de près on gémit en fecret
De leur fort que de loin l'ignorance admiroit.

Vous, dont l'éclat naiffant d'une beauté touchante
Fixa fur vous les yeux de la Suède inconftante,
Vous montâtes au trône où vous plaça leur choix,
Et quoique fille, fœur, femme & mère de rois,
Le bonheur de chez vous s'échappa comme une ombre ;
Sous vos pas les revers s'accumuloient fans nombre.

La Suède n'étoit plus l'Etat jadis fameux,
Vengeur des libertés des Germains belliqueux ;
De fon gouvernement la forme différente
Enervoit de ce corps la maffe languiffante.
Dès-lors n'éprouvant plus le pouvoir fouverain,
L'anarchie opprimoit l'état républicain :
Des grands dégénérés de leur nobleffe antique
L'intérêt perfonnel bornoit la politique ;
Ils couvroient des beaux noms de loix, de liberté,

La honte de se vendre avec impunité :
Rien de plus rare alors, tant tout abus excède,
Qu'un citoyen zélé, & fidèle à la Suède.

 Vous voulûtes, ma sœur, dans ces cœurs dépravés
Ranimer des vertus les germes énervés :
Mais en vain ; dès long-temps le vice qui les dompte,
Effaça de leur front la pudeur & la honte ;
Par le lâche ascendant de la corruption,
L'amour de leur pays n'étoit plus qu'un vain nom.

 Dans les convulsions des discordes civiles,
Momens si dangereux, en désastres fertiles,
Au fort de la tempête un flot impétueux
Pensa vous engloutir dans ses flancs orageux :
Des esprits échauffés la fureur effrénée,
Par des conseils cruels aigrie, empoisonnée,
Confondoient tous les droits, ce qu'on pouvoit tenter,
Et les objets sacrés qu'on devoit respecter.
Ils osèrent sapper les fondemens du trône ;
Mais votre fermeté soutint votre couronne.
Depuis, votre prudence éludant leurs assauts,
Sut appaiser leur haine & mater leurs complots.
Qu'il en coûte, ma sœur, pour acquérir la gloire !

 Depuis ce temps encore une trame plus noire,
Attaquant vos appuis, voulut vous isoler ;
Sans honte à ses projets osant tout immoler,
Elle alluma soudain le flambeau de la guerre,
De ses bras énervés nous lança son tonnerre,
Poursuivit votre sang établi dans le nord,
Et contre un Empereur dirigea son effort.

 A peine à tant de traits étiez-vous échappée,
A peine voyoit-on la diète occupée

A rétablir la paix, objet de tous les vœux,
Que des troubles nouveaux & non moins dangereux
Remplirent votre cœur des plus vives alarmes.
Que ce royaume, ô Dieux! vous a coûté de larmes!

 La Discorde en soufflant l'ardeur des factions,
Sut ranimer le feu de leurs dissentions,
Et tournant contre vous leur noire perfidie,
En vous calomniant, aliéna la Russie.
La Cabale depuis, marchant le front levé,
De l'ordre se jouant, par l'Etat approuvé,
Epuisoit tous les fonds par sa folle dépense,
Et se plaisoit à voir renaître l'indigence.
Le Roi trop rabaissé, se vit hélas! réduit
A voir en spectateur son royaume détruit;
Il fallut qu'il cédât à l'effort de l'orage,
Qu'il s'unît au parti qui lui faisoit outrage;
Et sans que ses cliens en fussent compromis,
Il agit de concert avec ses ennemis.

 Ces traîtres endurcis bientôt vous traversèrent;
A rompre vos desseins leurs chefs se signalèrent,
C'étoit à Norkiœping, au fort des démêlés.
L'indigne Maréchal des Etats assemblés
Vous manqua, vous trahit & vous devint parjure.
Aucun tigre jamais n'a changé de nature,
Et jamais vos Suédois, républicains fougueux,
N'atteindront aux vertus dont brilloient leurs aïeux.

 Il vous restoit au moins un époux cher & tendre,
Qui savoit partager vos maux & vous défendre;
L'impitoyable mort le frappa dans vos bras.

 Voilà, ma sœur, voilà le sort des potentats,
Sur-tout des rois privés du pouvoir monarchique,
Tâchant de résister au torrent anarchique.

Des roseaux jusqu'au cèdre & des rois aux manans,
Tout mortel est en proie aux chagrins dévorans ;
Un pauvre laboureur dont périt la génisse,
Sent sa perte aussi bien, souffre même supplice
Qu'un roi qui voit soudain avorter ses projets :
La douleur est égale, autres sont les objets.
Le pauvre à des parens ainsi que le monarque ;
L'un & l'autre gémit des rigueurs de la Parque.
Un ami tendre, un père, une sœur, un seul fils,
Nous déchirent le cœur quand ils nous sont ravis,
Et nos fragiles corps, moulés sur un modèle,
Cèdent à la douleur quand elle est trop cruelle.
Ainsi tout est égal, soit grands, soit plébéïens,
La somme de nos maux l'emporte sur les biens.

 Epicure, autrefois contredit dans la grèce,
Mais dont on reconnut le grand sens, la sagesse,
Prescrivoit pour maxime à tous ses auditeurs
D'éviter avec soin les piéges des grandeurs.
Fuyez, leur disoit-il, les affaires publiques,
Et laissant consumer ces sombres politiques,
Conservez dans vos cœurs la paix & le repos.
Atticus, qui l'en crut, au milieu des complots
Qu'enfantoit chaque jour une guerre civile,
Fut respecté de tous & se maintint tranquile ;
Tandis que dans le trouble & Pompée & César
Abandonnoient l'empire & leur sort au hasard.

 Quand l'ame est fortement & long-temps agitée,
Par un effor si vif hors d'elle transportée,
Sa gaité disparoît, & laisse dans l'esprit
Un funeste levain qui le ronge & l'aigrit ;
De ses noires vapeurs l'ambition l'enivre.
Ah ! pour si peu de jours que nous avons à vivre,

Dans d'auſſi vains projets faut-il ſe conſumer?
Ce roi, ce ſouverain que l'on vient d'inhumer,
Voilà ſes monumens qu'auſſi-tôt on renverſe,
Tout s'élève, s'accroît, enfin ſe bouleverſe.
   Alexandre conquit les plus vaſtes États,
Il meurt; tout auſſi-tôt des courtiſans ingrats
Partagent à leur gré les dépouilles du maître;
Ses enfans ſont exclus. Un capitaine, un traître
A ſes ſouverains nés fait ſouffrir le trépas.
Ainſi ce conquérant a livré cent combats,
Pour qu'un Démétrius & pour qu'un Ptolémée
Jouit de ſes travaux, hors de ſa renommée.
   Voilà, ma ſœur, à quoi mènent ces grands deſſeins:
Les politiques ſont pareils aux Quinze-Vingts,
Ils agiſſent ſans voir; le deſtin les attrape;
Il fit que Romulus travailla pour le Pape,
Que David éleva Sion pour Mahomet.
Enfin aucun de nous ne fait trop ce qu'il fait,
De projets en projets notre eſpoir nous engage;
Il eſt, vous le ſavez, des hochets pour tout âge.
   Rejetant de ces jeux la folle illuſion
Vous détournez vos pas du bruyant tourbillon
De ce gouvernement tant agité d'intrigues,
Et loin de ſes complots, à l'abri de ſes brigues,
Vous jouirez enfin des charmes de la paix.
   Ah! puiſſiez-vous, ma ſœur, oublier pour jamais
Vos ennuis, vos chagrins, vos revers & vos pertes
Par des proſpérités à l'avenir couvertes!
A l'abri des malheurs, dans un tranquille cours,
Puiſſiez-vous voir couler le reſte de vos jours
Au ſein de l'amitié! C'eſt le bonheur ſuprême...
Ce ſont les vœux, ma ſœur, d'un frère qui vous aime.

ÉPITRE
AU SIEUR NOËL,
Maître d'hôtel.

Je ne ris point; vraiment, Monsieur Noël,
Vos grands talens vous rendront immortel.
Sans doute il est plus d'un moyen de l'être ;
Qui dans son art surpasse ses égaux,
Qui s'applanit des chemins tout nouveaux,
Est dans son genre un habile, un grand maître ;
Des cuisiniers vous êtes le héros.
   Vous possédez l'exacte connoissance
Des végétaux; & votre expérience
Assimilant discrétement leurs sucs,
Sait les lier au genre de ses sauces,
Au doux parfum de ces plantes précoces,
Qui font le charme & des rois & des ducs.
   Si quelque jour il vous prend fantaisie
D'imaginer un ragoût de momie,
En l'apprêtant de ce goût sûr & fin,
Et des extraits produits par la chymie;
L'illusion, le prestige & la faim
Nous rendront tous peut-être antropophages.
   Mais non, laissons ces repas aux sauvages ;
Même épargnons la chair des animaux ;
Prodiguez-nous plutôt les végétaux,
Ils sont plus sains, plus faits pour nos usages.
   Que de filets par vous imaginés,
Que de pâtés par vos mains façonnés,

Que de hachis, de farces délectables,
Dont nos palais souvent trop enchantés
Sont mollement chatouillés & flattés!
 Auteur fécond de ces mets admirables,
Que cent festins ne sauroient épuiser,
Vous inventez & savez composer,
Ce que jamais aucun de vos semblables
Ne produisit pour s'immortaliser.
 Aussi jamais, croyez-moi, la cuisine
Egyptienne, ou grecque, ou bien latine,
Ne put atteindre à la perfection
Où la porta votre esprit qui combine,
Et votre vive imagination.
 Ce Lucullus, fameux gourmet de Rome,
Dans ses banquets au salon d'Apollon,
Festins fameux que Cicéron renomme,
Ne goûta rien d'aussi fin, d'aussi bon
Que cette bombe à la Sardanapale,
Ce mets des Dieux qu'aucun ragoût n'égale,
Dont vous m'avez régalé ce midi.
 Si l'on pouvoit ranimer Epicure,
Si la vertu de quelque saint hardi
Pouvoit encor le rendre à la nature,
Ah! que Noël en seroit applaudi!
Il choisiroit Noël pour son apôtre;
Il l'est déjà, car son travail vanté
A tout palais prêche la volupté;
A nous tenter, plus séduisant qu'un autre,
Il est vainqueur de la frugalité,
Et surpassant le philosophe antique,
Noël réduit ses leçons en pratique;
Ses mets exquis amorçant les Prussiens,

Tome I.   I

Les ont changés en Epicuriens.

Au temps passé la volupté grossière,
Sans méditer sur des mets délicats,
Se contentoit de surcharger les plats,
Pour assouvir sa dent carnassière ;
On étoit loin de nos raffinemens,
On ignoroit nos assaisonnemens,
On recherchoit la viande la plus rare ;
Ce qui coûtoit le plus, passoit pour bon.
Pétrone ainsi peint le festin bizarre
Que lui donna certain Trimalcion.
On y servit avec profusion
Des animaux entiers de toute espèce ;
D'un porc sur-tout, le cadavre hideux,
Si révoltant, si choquant à nos yeux,
Fut étalé, rôti tout d'une pièce ;
Dès que ses flancs furent tranchés en deux,
On en tira l'oiseau brillant du Phase,
Chapons, dindons, becs-figues & perdrix :
Les conviés tous ravis, en extase,
A cet aspect jetèrent de grands cris ;
Le cuisinier fut loué par bêtise,
Chacun mangea selon sa friandise,
On dévora le porc & ses débris.
Qui serviroit à présent à ses hôtes
Un tel repas, au-lieu d'être loué
Des successeurs des Térences, des Plautes,
En plein théâtre on seroit bafoué.
Les fins gourmets à table délicate
Ne souffrent point qu'un chétif gargotier
Grossiérement travaille à la Sarmate.
On veut sur-tout qu'habile en son métier,

Par des ragoûts dont la faveur nous flate,
L'artiste ait l'art de nous rassasier.
Il faut encore, & j'allois l'oublier,
Que toute table élégamment servie;
Evite en tout l'air d'une boucherie;
Qu'un rôt coupé ne soit jamais sanglant:
Un tel objet d'horreur est révoltant.
Un cuisinier qui brigue la louange,
Doit déguiser les cadavres qu'on mange;
En cent façons il peut les disséquer,
D'ingrédiens il compose un mêlange,
La farce enfin lui sert à tout masquer.

 Voilà par où le fameux Noël brille.
Il imagine, & jamais il ne pille
De vieux menus d'autres maîtres d'hôtels;
C'est un Newton dans l'art de la marmite,
Un vrai César en fait de léchefrite,
Et surpàssant nos héros actuels,
Il les vaut tous aux palais sensuels.

 Mais si ces vers tomboient à l'improviste
Entre les mains d'un bourru janséniste,
Zélé dévot & prompt à s'enflamer,
Je crois d'ici l'entendre déclamer
Contre ce monstre impie & sibarite,
Qui prône trop la volupté maudite,
Et vous loger l'auteur, sans le nommer,
Au gouffre affreux que Lucifer habite.

 Tout doux, tout doux, monsieur le cénobite.
Plus de bon sens, de grace, moins d'humeur;
Entre nous deux c'est là raison, docteur,
Qui seule doit juger notre querelle.
A ses décrets ne soyez point rebelle;

Elle vous dit, si vous pouvez l'ouïr,
Prétends-tu donc laisser évanouir
Les dons du Ciel qu'il verse en abondance?
S'il les donna, selon toute apparence,
Ce fut afin que l'on pût en jouir.

User de tout, c'est le conseil du sage ;
Savoir jouir sans abuser de rien,
Souffrir le mal, s'il vient, avec courage,
Et bien goûter l'avantage du bien.

Hâtez-vous donc, Noël, servez la table :
Je sens déjà le parfum délectable
De vos ragoûts, on vient me les offrir.
Allons goûter de vos métamorphoses ;
Car puisqu'enfin, si l'on ne veut mourir,
Tout homme doit chaque jour se nourrir,
Ne nous donnez que d'excellentes choses.

A UNE CHIENNE.

Je t'envie, ô bichon! ta fortune prochaine,
 Mon cœur voudroit te la ravir;
Le sort te fait passer dans les mains de la Reine,
 Et te dévoue à la servir.
 Ah ! si le Ciel vouloit par grace
Me métamorphoser sous ton extérieur,
 D'abord j'occuperois ta place :
La servir, l'admirer, ce seroit mon bonheur.

VERS
POUR MLLE. SCHIDLEY.

Qui avoit envoyé au Roi une charrue angloise.

O Miss! vous pensez donc à moi?
Cet instrument d'agriculture
Dont vos bontés m'ont fait l'envoi,
Désigne trop à quel emploi
Vous allez mettre ma figure;
Tout autrement organisé,
Par vos mains métamorphosé,
Je m'en vais donc changer d'espèce.

   Vous savez quelle fut Circé :
Vous lûtes dans votre jeunesse
De quel effroi parut glacé
Le sage, le prudent Ulysse,
Lorsque Circé par artifice
Transforma tous ses courtisans
En autant d'animaux broutans.

   Dans votre généalogie,
Circé, dit-on, tient le haut bout,
Et vous lui ressemblez en tout,
Autant en beauté qu'en magie.

   Mais pourquoi voulez-vous sur moi
Eprouver l'effet de vos charmes?
Vous savez que de bonne foi,
Vous voyant, je rendis les armes.

   Désormais leur pouvoir fatal
Va charger ma tête chenue

Du joug pesant de la charrue,
Et me change en cet animal,
Dont le pas lourd trace avec peine
Un léger sillon dans la plaine.
Certain Nabuchodonosor
Eut autrefois un pareil sort.
Jupiter prit bien l'enveloppe
D'un jeune & ravissant taureau
Pour enlever la belle Europe.
Quand l'Amour leur ceint son bandeau,
On a vu les Nymphes, les belles,
Vers les Dieux faisant les cruelles,
S'adoucir pour les animaux.

Ces traits ne nous sont pas nouveaux :
Léda soupira pour un cygne :
L'or même fut l'amant indigne
Qui triompha de Danaé ;
Vous savez de Pasiphaé
Le goût bizarre & le caprice.
Mais le sexe est plein de malice.

Si pour gagner votre faveur
Il faut passer par telle chose,
Je risque la métamorphose,
Afin de fléchir votre cœur.

Quelle qu'enfin soit la figure
Où vous voudrez me transformer,
Je la prendrai, je vous le jure,
Si vous promettez de m'aimer.

A VOLTAIRE.

Sur la fin des beaux jours dont vous fîtes l'histoire,
Si brillans pour les arts, où tout tendoit au grand,
Des François un seul homme a soutenu la gloire.
Il sût embrasser tout : son génie agissant,
A la fois remplaça Bossuet & Racine,
Et maniant la lyre ainsi que le compas,
Il transmit les accords de la Muse latine,
Qui du fils de Vénus célébra les combats.
De l'immortel Newton il saisit le génie,
Fit connoître au François ce qu'est l'attraction ;
Il terrassa l'erreur, la superstition.
Ce grand homme lui seul vaut une académie.

A VOLTAIRE.

Combien Tiriot a d'esprit
Depuis que le trépas en a fait un squelette !
Mais lorsqu'il végétoit dans ce monde maudit,
Du Parnasse François composant la gazette,
  Il n'eut ni gloire ni crédit.
Maintenant il paroît par les vers qu'il écrit
Un philosophe, un sage, autant qu'un grand poëte.
Aux bords de l'Achéron où son destin le jette,

Il a trouvé tous les talens,
    Qu'une fatalité bizarre
Lui dénia toujours lorſqu'il en étoit temps,
Pour les lui prodiguer au fin fond du Ténare.
Enfin les trépaſſés & tous nos fots vivans
Pourront donc aſpirer à briller comme à plaire,
S'ils ſont aſſez adroits, aviſés & prudens,
    De choiſir pour leur ſecrétaire,
    Virgile, Orphée, ou mieux Voltaire.

A
VOLTAIRE.

Non, plus je ne veux à Paris
    Avoir de courtier littéraire :
    Je n'y vois plus ces beaux eſprits
    Dont nombre d'immortels écrits
    En m'inſtruiſant ſavoient me plaire.
    Je ne veux de correſpondans
    Que ſur les confins de la Suiſſe,
Province qui jadis étoit très-fort novice
    En arts, en eſprit, en talens,
    Mais qui contient, des bons vieux temps,
    Le ſeul auteur qui me raviſſe
Par l'art harmonieux de modeler ſes chants.
Ces Grecs, vos favoris, cherchèrent en Aſie
    Les ſciences, la vérité :
Platon juſqu'en Egypte avoit même tenté
    D'éclairer ſa philoſophie.
Déſormais nos cantons charmés de ſes attraits,

Sans chercher pour l'esprit des alimens dans l'Inde,
Trouvent le dieu du goût comme le dieu du Pinde,
    Tous deux réunis dans Ferney.

   Vous m'enverriez votre extrait baptistère, que je n'en croirois pas davantage à votre curé.

    On juge mal, on est déçu
    En se fiant à l'apparence;
    Je suis très-sûr & convaincu
    Que Voltaire en secret a bu
    De la fontaine de Jouvence.
Jamais aucun héros n'approcha de son sort,
Immortel par sa vie, ainsi qu'après sa mort.

ÉPITRE MORALE.

Dans ce vaste univers, le globe où nous vivons,
Lui sert, à mon avis, de petites maisons.
De fous, d'extravagans, la bizarre cohue.
De Lisbonne à Peckin offre en grand à ma vue
Un pré de mille fleurs richement émaillé :
Sur cette ample pâture, un esprit éveillé
Saisit malignement la fleur du ridicule,
L'extrait & l'assaisonne au fond de sa cellule.
   Un Quaker me dira d'un air sombre & chagrin,
Qu'il faut toujours couvrir les défauts du prochain :
Mais lorsqu'un fat abonde en traits de balourdise,
Loin d'en verser des pleurs, je ris de sa sottise.
   J'aime à rire, il est vrai, même aux dépens des rois ;
Je hais le misanthrope & les fronts trop sournois.

Je préfère à ce fou que l'on nomme Héraclite,
Ce fou plus gai que lui, l'enjoué Démocrite :
Sans se fâcher de rien, il s'amusoit de tout ;
De nos frivolités il avoit vu le bout.
Et qu'importe en effet qu'un esprit sot & louche
D'un flux de pauvretés jaillissant de sa bouche,
M'étourdisse un moment, bavardant sans esprit ?
Cet arbuste est restreint à porter un tel fruit :
A m'amuser de lui mon penchant me convie,
Son ridicule est fait pour égayer ma vie.
 Oui, je te le confesse ici, mon cher Damon,
Ma rate qui sans toi risquoit l'obstruction,
T'entendant pérorer d'une mine effrontée,
En riant cet hiver, s'est si bien dilatée,
Qu'à ton seul souvenir mon mal a disparu.
 Au beau monde, à la cour, Damon s'étoit intru,
Il décidoit de tout sans jamais rien comprendre ;
Un cercle autour de lui se formoit pour l'entendre ;
Là, s'empressoit en foule un peuple curieux,
Tendant le col, ouvrant les oreilles, les yeux,
Se pâmant de plaisir des traits de balourdise,
Qu'innocemment Damon leur lâchoit par bêtise.
Je m'empresse, & je perce à travers le concours
Où notre fat s'épanche en sublimes discours.
 La M*** a su, dit-il, toucher mon ame. —
Ah ! Monsieur, c'est beaucoup d'allumer une flame
A soixante & dix ans. — Elle en a trente au plus,
Répond le discoureur ; telle parut Vénus
Quand on la vit flotter sur le sein d'Amphitrite. —
Sur son discernement chacun le félicite ;
Il avoue à la fin qu'il ne la connoît pas.
 Quelqu'un d'officieux sentant son embarras,

De discours en discours vous le promène en France.
C'est le pays, dit-il, où brille la finance. —
Eh! Monsieur, ce royaume est si fort endetté. —
C'est le dernier effort de son habileté
D'épuiser les tréfors de voisins économes ;
Berne ainsi qu'Amsterdam lui fournissent des sommes.
Ah! quel plaisir aura le plus chrétien des rois,
Lorsque l'abbé Terray, par de nouveaux exploits,
Englobant les voisins dans la chûte commune,
D'un coup de plume un jour ravira leur fortune.
Voyez-vous, dans ceci tout est grand & nouveau !
Faillite d'un banquier n'a pour moi rien de beau ;
Mais quand un grand Etat vise à la banqueroute,
Le crédit abymé, le richard en déroute,
La consternation qui trouble les esprits,
D'un colosse ébranlé les étonnans débris,
La chûte des Crésus tombés de leur pinacle,
L'ébranlement affreux que produit ce spectacle,
Le rend en même temps rare & majestueux. —

Eh quoi! vous plaisez-vous au sort des malheureux ? —
Non pas, mais on en parle, & ce sujet amuse. —
Voilà vraiment, Monsieur, une excellente excuse. —
On l'interrompt. L'un dit, en France on voit au moins
Que pour le militaire on épuisa ses soins.
Tant de fameux héros, il est vrai sans pratique,
Dans leurs savans écrits enseignent la tactique ;
Il n'est dans leurs vieux corps, pas jusqu'au caporal,
Qui ne figure ailleurs comme un bon général :
Chez eux, de ce grand art il faudra nous instruire. —

Oui, dit le Schach-Baham ; mais j'y trouve à redire
Qu'à présent la colonne a moins d'admirateurs ;
Les Thébains s'en servoient, & tous nos vieux auteurs

Trouvent cette ordonnance admirable & requife ;
Sa maffe enfonce tout, & même dans Moyfe
Vous voyez précéder le Juif guidé par Dieu
Une colonne d'air, ou colonne de feu. —
Quelle érudition, s'écrioit tout le monde !
Science univerfelle ! ô caboche profonde !

 Mais le canon, Monfieur, ce foudre des guerriers,
Écrafe la colonne & flétrit fes lauriers ;
Elle eft détruite avant que d'agir. — Je m'en moque. —
Comment la garantir ? — Je marche, avance, & choque. —
Cela pourroit manquer. — Vous êtes trop craintif ;
Trois rangs ne peuvent rien contre un corps fi maffif.
Si l'on m'écoute, il faut que Monteynard ordonne
Que toujours le François vous attaque en colonne.

 Ah ! vous aurez le temps de mûrir vos projets :
Nous jouiffons ici d'une profonde paix ;
Du temple de Janus les portes font fermées,
Les arts font floriffans à l'abri des armées,
L'envie eft enchaînée, & les grands potentats
Font dans ce calme heureux profpérer leurs Etats. —

 Cela vous plaît à dire, a répondu mon homme ;
De l'Efpagne en Ecoffe, & du Pont jufqu'à Rome,
Des efprits agités, la fermentation
Va mettre inceffamment l'Europe en action.
Pouvez-vous fuppofer que de fang-froid on fouffre
Qu'un royaume en trois parts par trois voifins s'engouffre,
Qu'on s'arroge des droits, que trois princes d'accord
N'aient pas même imploré les arbitres du fort ? —
Qui font-ils, s'il vous plaît ? — La France & l'Angleterre
Vous les verrez bientôt portant par-tout la guerre,
Corriger & punir des écoliers mutins,
Qui jouant les grands rois, ne font que des gredins. —

Ah ! pour la Pruſſe au moins nous vous demandons grace.—
Peine perdue, il faut que juſtice ſe faſſe.
Que diroit Richelieu, Philippe-Deux, Cromwel,
Grands hommes qu'illuſtra l'art de Machiavel,
Si dans nos jours déçus, de lâches politiques
Craignoient de s'égarer ſur leurs pas héroïques ?
On connoîtra dans peu la France & d'Aiguillon;
Le Sarmate a chez eux ſonné le réveillon.
Vous allez voir du nord la fierté confondue ;
Catherine ſera par Muſtapha battue,
Du fond de la Gothie un innombrable eſſaim
Des murs de Péterſbourg changera le deſtin ;
L'Helleſpont raſſuré ne verra plus de Ruſſe,
Et l'on extirpera juſqu'au nom de la Pruſſe. —
Ah ! votre ame s'exalte, & vous prophétiſez,
Dit doucement quelqu'un. — Les feux ſont attiſés,
Lui repartit mon homme ; on va voir des miracles :
Ce ſont des vérités & non pas des oracles. —
La Lippe à Buckebourg s'en réjouira bien,
Reprit-on, ſans la guerre il ne tient plus à rien ;
Voilà l'occaſion, il pourra reparoître. —
Il eſt mort. — Ce matin j'en reçus une lettre. —
Non. — Il eſt mort, vous dis-je, un gros marchand forain,
Revenu de Brunſwick, fut préſent à ſa fin. —
Mais ce marchand, Monſieur, eſt mal inſtruit ſans doute. —
Eh quoi ! faut-il douter de tout ce qu'on écoute ? —
C'eſt qu'aucun mort jamais du tombeau n'écrivit,
Qu'un marchand n'a d'objet que celui du crédit,
Et qu'on ſe voit moqué quand on eſt trop crédule. —
Non, repliqua Damon, je ſuis né ſans ſcrupule ;
Je crois tout bonnement : comment examiner,
Vétiller les propos, ſans ſuccès me peiner ;

L'esprit toujours tendu, peser dans ma balance
La vérité dans l'un, en l'autre l'apparence ?
Non, j'y vais rondement, je crois tout ce qu'on dit;
Journal, folliculaire, imprimé, manuscrit,
Miracles, s'il le faut, rien ne m'est indigeste;
Je figure, il suffit, que m'importe le reste ?
Mais, Monsieur. — Mais, Monsieur. — Mais La Lippe est vivant.
Que m'importe qu'il vive ou soit agonisant ?
 Voilà comme on entend raisonner le vulgaire :
Diderot prévenu croit tout homme un Voltaire.
Il se porte avec zèle à vouloir l'éclairer;
Il y perdra ses soins, sans le régénérer.
 Mais vous, mes chers amis, qui dévorés de gloire,
Voulez tracer vos noms au temple de mémoire,
Hélas ! examinez le public en détail,
Stupide, ignorant, sot, méprisable bétail :
C'est là l'organe impur de votre renommée;
Au prix de votre sang il vous vend sa fumée :
Vous placez le bonheur dans l'appât décevant
D'être applaudi, loué par ce peuple ignorant;
Mais il blâme souvent, car la chance est douteuse.
 Trompé par des frippons, sa langue venimeuse
Flétrit ce Julien qu'on nomma l'Apostat;
Ce philosophe étoit la gloire de l'Etat.
Un pontife insolent, natif de Naziance,
Calomniant ses mœurs, sa bonté, sa clémence,
En fit un monstre aux yeux de la postérité.
 Après plus de mille ans parut la vérité.
D'Argens rendit justice aux vertus du grand homme;
La superstition en frémit jusqu'à Rome,
Et le mensonge impur effacé de son nom
Rétablit pour jamais sa réputation.

Que nous importent donc les rumeurs du vulgaire?
Il critique, il approuve, il outrage, il révère,
Il tourne à tous les vents; qui connoît ses refforts,
L'excite en fe jouant., ou calme fes tranfports.
C'eft l'immortalité dont l'efpoir nous enivre.
En fauvant notre nom, nous croyons encor vivre;
Mais fi-tôt que la tombe a renfermé nos corps,
Les vains bruits du public font perdus pour les morts;
Ce font des préjugés, il n'en faut point au fage;
Il faura méprifer ce vil aréopage.
 Mais que fais-je? & de moi que penferoit Zénon?
Tandis que je combats la vanité du nom,
D'un afcendant vainqueur fentant l'effort fuprême,
Mon cœur de ma raifon contredit le fystême.
Je repolis ces vers au point de m'énerver,
Pourquoi? Pour qu'à Ferney l'on puiffe m'approuver,
Et qu'on imprime un jour dans quelques vers grotefques:
„ Il eft le moins mauvais des rimailleurs tudefques. „

ÉPITRE
A D'ALEMBERT.

Vous ne le croiréz point, fage Anaxagoras,
Qu'au fiècle où nous vivons, il foit en ces Etats,
Même au fein révéré de notre Académie,
Un ennemi fecret de la philofophie;
Que jadis reconnu pour très-mince aumônier,
Fait métier maintenant de nous calomnier.
Cependant il s'érige en écrivain habile.
Ce bel-efprit pefant, nourri ****,

Soutient que tout penfeur qui régimbe à fon frein,
Que tout bon raifonneur n'eft qu'un franc libertin,
Aux plaifirs adonné, féduit par Epicure,
Qui fuit brutalement l'inftinct de la nature ;
Mais qu'il attend le jour de deuil, d'adverfité,
Où ce penfeur hardi triftement alité
Verra de près la mort, qui de fa faux tranchante
Dans fes fens affoiblis portera l'épouvante ;
Qu'alors fes goûts charnels fe réduifant à rien,
La peur du vieux Satan le rendra bon chrétien.

 Paffe qu'en un fermon un fot ainfi s'exprime,
Mais mon docteur écrit, ce vil fatras s'imprime,
On le lit en bâillant à l'honneur du Midas.

 Faut-il donc me guetter au moment du trépas,
Pour me perfuader que deux fois deux font quatre ?
Je le crois en fanté, fans même en rien rabattre ;
Mais quand un imbécille, un bavard importun
Soutient effrontément que trois ne valent qu'un,
Je renvoie auffi-tôt ce zélé fanatique
Aux premiers élémens de fon arithmétique ;
Ou je lui dis : Monfieur, quelle eft la penfion
Que le fynode attache à votre fonction ? —
Mille écus. — Mais, Monfieur, fi contre votre attente
On vous dit, les voilà ; vous comptez trois cent trente :
Les yeux tout enflammés, frémiffant de fureur,
Vous vous rûrez d'abord fur ce mauvais payeur. —
Diftinguo, me dit-il, c'eft un fait ordinaire,
L'autre eft de notre foi l'ineffable myftère. —
Et garde donc pour toi ton merveilleux fecret.
Pourquoi le divulguer ? tu n'es qu'un indifcret,
Qui, l'efprit tout farci de contes incroyables,
Viens pour des vérités nous débiter tes fables.

Crois-tu donc, si j'étois malade agonisant,
Obsédé par malheur d'un cafard insolent;
Qui me dit qu'en ce jour Jupiter par la tête
Accoucha de Minerve, & qu'en chômant sa fête,
Je pourrois à l'instant recouvrer ma vigueur,
Crois-tu que ce propos m'induiroit en erreur?
Non, ce fourbe y perdroit toute son industrie.
   Le cigne de Léda, * * * *
Jadis ont fait fortune auprès des potentats,
Lorsqu'on étoit crédule & qu'on ne pensoit pas.
Le monde étoit tombé dans ces temps en syncope;
Maintenant la raison, l'esprit se dévelope,
Rien n'est cru s'il n'est pas clairement démontré;
On rejette un verbiage obscur, mais consacré;
Aux mots vides de sens ont succédé des choses,
Par des effets certains nous remontons aux causes,
La nature muette apprit à s'exprimer,
On fut l'interroger, & même l'animer.
Les miracles dès-lors à nos yeux disparurent,
La vérité régna, les charlatans se turent,
La critique éclairée étourdit les docteurs,
Et par-tout la raison poursuivit les erreurs.
   Non, non, dit mon cafard, c'est par libertinage
Que l'incrédulité prévalut en cet âge. —
Eh! quoi donc! grand docteur, connois-tu Spinosa?
Qui jamais de débauche en son temps l'accusa?
Et Bayle, plus profond, qu'un faquin méprisable,
Persécuta long-temps d'un zèle charitable,
Nul penchant sensuel ne put le détourner
Du plaisir de penser & de bien raisonner.
Et ce bon Empereur, de tous rois le modèle,
Cet homme en tout parfait, le divin Marc-Aurèle,

Tome I.   K

Penses-tu que ce fût un gros voluptueux,
Un pourceau d'Epicure, un prince crapuleux ?
Peux-tu d'un Antonin faire un Sardanapale ?
　　O fureur de parti ! rage théologale !
C'est toi qui corrompis la probité, les mœurs
De ces fourbes tondus & de leurs sectateurs.
Pour maintenir la foi chancelante & douteuse,
Tout cagot sans rougir aima fraude pieuse ;
L'audace osa forger les livres Sybillins,
La légende s'enfla de faux martyrs chrétiens,
On supposa depuis de fausses décrétales,
Et la religion n'offrit que des scandales.
Faut-il pour appuyer la simple vérité
Qu'un mensonge odieux souille sa pureté ?
Jamais Newton, ni Locke en leur philosophie
N'ont mêlé des poisons aux sucs de l'ambroisie ;
L'expérience en main ils surent se guider :
Ils prouvent ; c'est ainsi qu'il faut persuader.
　　Mais si l'on en croyoit la troupe consacrée,
En soutane, en rabat, à tête tonsurée,
Dieu, qu'ils nous ont dépeint tout aussi méchant qu'eux,
Deviendroit un objet indigne de nos vœux,
Ils l'ont fait le tyran le plus inexorable ;
Pour assouvir sa rage, il rend l'homme coupable ;
Non content d'exercer sur lui sa cruauté,
Il prétend le punir durant l'éternité ;
Si Lucifer sur nous eût usurpé l'empire,
Notre condition ne pourroit être pire.
　　Ce n'est point là le Dieu dans mon cœur adoré ;
Le mien doit mériter un hommage éclairé :
La terre me l'indique & le ciel me l'annonce ;
Un but marqué dans tout, en sa faveur prononce :

Mon eſtomac digère, & des ſucs nourriſſans
Vont réparer mon être & prolonger mes ans ;
Mon œil eſt fait pour voir, l'oreille pour entendre,
Le pied pour me porter, le bras pour me défendre,
Et ſi j'ai de l'eſprit, celui dont je le tiens,
En doit poſſéder plus que n'en ont les humains.
Qui pourroit me donner ce qu'il n'a pas lui-même ?
   Voilà pourquoi j'admets ce mobile ſuprême.
Le fameux Copernic, vos Newtons, vos experts
Ont deviné les loix qui meuvent l'univers ;
Les aſtres dans leur cours ont une allure ſtable ;
Comment un pur haſard, inconſtant, variable,
Pourroit-il maintenir ces éternelles loix,
Dont l'art pouſſe & ſuſpend tant de corps à la fois ?
Convenons donc qu'un être intelligent préſide
Au reſſort qui produit ce ſpectacle ſplendide ;
Mais ſans le définir mon cœur doit l'adorer.
Sans lui je ne pourrois vivre ni reſpirer :
Donc ce divin moteur eſt bon par excellence ;
Au deſſus des mortels, à l'abri de l'offenſe,
Rien ne peut l'exciter à la méchanceté.
   Je me ſuis vu ſouvent ſur les bords du Léthé,
Et j'aurois entendu hurler de près Cerbère,
Si l'enfer n'étoit pas un être imaginaire.
Dans ce moment fatal où la mort m'apparut,
La peur ne m'a jamais fait payer de tribut ;
Recueillant mes eſprits, concentré dans moi-même,
Je fus inébranlable, & ferme en mon ſyſtème ;
L'erreur que je bravois, étant plein de ſanté,
Ne prit point à mes yeux l'air de la vérité ;
Aucun doute importun ne troubla ma conſcience,
Et je fixai la mort d'un œil plein d'aſſurance.

C'est lorsque notre esprit jouit de sa vigueur,
Qu'il faut examiner, sonder la profondeur
Des secrets enfouis au sein de la nature,
Trouver la vérité dans cette nuit obscure,
Peser tout mûrement, avancer à pas lents.
Quand on s'est décidé sur ces points importans,
Rien ne peut plus dès-lors troubler la paix de l'ame.
　　Mais quoi ! déjà ces vers font-ils rugir * * * ?
N'entends-je pas les noms de relaps, d'apostats ?
Nous sommes à ses yeux plus vils que des forçats ;
Je suis un échappé des bancs de ses galères,
Ses droits sur moi sont tels que s'en font les corsaires.
Sur ceux que la victoire a rendus leurs captifs,
Que l'on me compte donc parmi ces fugitifs
Dont l'effort généreux a su briser les chaînes.
　　Heureux qui délivré de ces loix inhumaines,
De ce joug de l'esprit, mortel à la raison,
Méprise également Satan comme Pluton ;
Qui d'un bras vigoureux terrasse le mensonge,
Et foule aux pieds l'erreur où l'Europe se plonge.
　　Tels sont mes sentimens, ô profond d'Alembert !
Et neutre entre Calvin, Ganganelli, Luther,
Je tâche en tolérant leur fougueuse séquelle,
D'éteindre ou d'amortir la fureur de leur zèle ;
Mais ces soins sont perdus & mes efforts sont vains ;
Un mortel rendroit-il des tigres plus humains ?
Aussi froid au sujet de dispute & de haine,
Au fanatisme affreux dont leur mal se gangrène,
Qu'exempt des passions dont la frivolité
Entraîne à décider avec témérité,
J'ai consacré mes jours à la philosophie.
J'admets tous les plaisirs innocens de la vie,

Et fachant que dans peu ma courfe va finir,
Je jouis du préfent fans peur de l'avenir.
Quel eft après la mort l'épouvantail à craindre?
Seroit-ce ces enfers qu'Ovide eut l'art de peindre,
Et que nos fots dévots ont depuis adoptés?
 Quittons, quittons l'amas de ces abfurdités;
Penfons comme on penfoit dans le fénat de Rome.
Que lui dit Cicéron, ce Conful, ce grand homme?
,, Rien ne refte de nous, Meffieurs, après la mort. ,,
Mais faut-il s'affliger que tel eft notre fort?
Si le corps & l'efprit fouffrent la même injure,
Je rentre & me confonds au fein de la nature;
S'il échappe au trépas un refte de mon feu,
Je me réfugirai dans les bras de mon Dieu.

AU

BARON DE POELLNITZ,

Sur fa réfurrection.

Ah! vous voilà reffufcité, Baron!
Et près d'entrer dans la fatale barque,
Heureufement repouffé par Caron
Des bords du Styx, des rives d'Achéron,
Vous vivrez donc en dépit de la Parque.
 Avouez-nous que vous êtes plus fin
Que Caron, joint avec l'efprit malin.
Il efpéroit d'un Baron bonne aubaine;
Il fe flattoit qu'il viendroit la main pleine
De bons ducats, louis, fréderics d'or,

Pour lui payer tous les frais du tranfport.
Mais le Baron poliment lui protefte
Qu'il n'eft venu qu'en équipage lefte,
Que méprifant l'or & les vils métaux,
Et que n'ayant fu payer de fa vie
Créanciers qui fervoient fa folie,
Il n'eft féant de payer fes bourreaux.
 Tout auffi-tôt de ces morts qui paffèrent
Aux fombres bords, mille voix s'élevèrent;
Ils difoient tous : Nous lui fîmes crédit,
Et notre argent jamais il ne rendit.
Diftinctement, la mine refrognée,
Le vieux Caron ces propos entendit,
Et d'un grand coup de fa rame empoignée
Qui durement fur votre dos fondit,
Vous repouffa de fa barque & de l'onde;
D'un foubrefaut vous revîntes au monde,
Et notre vieux Baron il nous rendit.
 Qu'on eft heureux quand domptant fes foibleffes
On fe refufe à l'appât des richeffes !
Un avare eft un faux calculateur,
Qui fe méprend fur le fait du bonheur,
Qui fans jouir, fournois dans fa cellule,
Sans ceffe amaffe & fans ceffe accumule,
Un ruftre enfin, dont l'efprit fot & lourd
Ne connut point les charmes de l'amour,
Des beaux efprits les fines gentilleffes,
Et les plaifirs des princes, des princeffes,
Qui, hors Plutus, pour tout le refte eft fourd.
 Mais vous, Baron, peu foucieux d'efpèces,
Vos jours font purs, & votre efprit ferein
N'eft point diftrait des foins du lendemain,

Vous ignorez & calcul & finance,
Et ne vivez que de bonne espérance,
Ainsi pensoit la grave antiquité.
Souvenez-vous qu'en Grèce les sept sages
Ont reconnu de plus grands avantages
Dans l'humble état d'honnête pauvreté,
Qu'à posséder de vastes appanages,
Les vils objets de la cupidité.
 Votre mentor vous a dans la jeunesse
Souvent parlé du puissant Roi Crésus,
Nageant dans l'or, plongé dans la mollesse,
Et d'un manant nommé le pauvre Irus.
L'orgueil du Roi se fondoit sur Plutus;
Il s'égaloit aux Dieux par sa richesse,
Quand tout-à-coup le conquérant Cyrus
Dans des combats détruisit son armée.
L'ame du Roi, de douleur abymée,
Ne sentoit plus qu'horreur, que désespoir;
Tandis qu'Irus, insensible & tranquille,
Vit l'ennemi s'emparer de la ville,
Voler, piller, brûler, sans s'émouvoir.
 La pauvreté, qui nous met hors d'atteinte,
Nous met encore à l'abri de la crainte.
Sans bien on a l'esprit toujours égal;
Tandis qu'on voit ces grands, ces ames vaines,
Se consumer en d'inutiles peines,
Pour se souftraire à leur destin fatal.
Loin des chagrins qui rongent ces illustres,
Vous avez sû, pour avoir mieux choisi,
Sur votre chef rassembler seize lustres,
Vivant toujours joyeux & sans souci.
Ne changez donc jamais votre conduite,

Dépenfez tout, foyez bon parafite,
Et vous vivrez fatisfait & content,
Toujours heureux & toujours jouiffant
Des biens qu'enfin vous laiffa la fortune.
Lorfque vos yeux font chargés de pavots,
Un rêve affreux d'une image importune
Ne troublera jamais votre repos.
 Permettez donc encor que je compare
Votre deftin au fort d'un vieil avare.
Quand le jour vient, ce jour tant odieux,
Qu'il lui faudra dénicher de ces lieux,
Ce gros richard qu'on dit homme de mife ;
Tout moribond péniblement s'épuife
A fabriquer un ample teftament.
Aux tribunaux, quoiqu'on s'en formalife,
Vingt avocats affamés, difputant,
Trouvent pour eux fes biens de bonne prife,
Et vont réduire, en vous le commentant,
Ses volontés & fes dons à néant.
 Vous êtes fûr, en perdant la lumière,
Qu'exactement on exécutera
Et codicille & volonté dernière ;
Car, vieux Baron, rien ne vous reftera,
Et vous ferez votre héritier vous-même.
Que j'applaudis encor fur ce point-là,
Ainfi qu'en tout votre prudence extrême !
 Mais je m'égare en n'appercevant pas
Que ce n'eft point, ô Pœllnitz ! votre cas ;
Car fi Caron veut que notre féquelle
Du noir Pluton n'habite les États,
Qu'en lui payant le fret de fa nacelle,
Exempt, Baron, à jamais du trépas,
Vous jouirez d'une vie éternelle.

ÉPITRE

À MLLE. DE KNESEBECK,

Sur le faut qu'elle fit de fon carroffe lorfque fes chevaux prirent le mors aux dents.

Qui m'auroit dit qu'un jour fur ma guitare,
Dont les accords font peu mélodieux,
Je chanterois, à l'envi de Pindare,
Des Pruffiens les exploits glorieux;
Non ces combats qui renverfent les trônes,
Mais les hauts faits d'illuftres Amazones,
Plus beaux, plus grands & plus merveilleux?

   Viens, Calliope, il faut que tu m'infpire,
Pour bien chanter ces exploits étonnans,
Ah! je te vois, en me rebutant, rire
Qu'un vieux foudard, chargé du poids des ans,
Le front ridé, les cheveux blanchiffans,
Se croie encor dans l'âge du délire,
Et d'Apollon veuille toucher la lyre.

   Hé bien! fans toi, fans tes puiffans fecours,
Pour réveiller cette flamme divine,
Il fuffira que ma Mufe mefquine
Se repréfente avec tous fes atours
La Knefebeck, ce vrai phénix des cours,
Et de nos temps la plus grande héroïne.
Oui, je la vois; fon air eft affuré,
Son front ferein; fon efprit ferme & calme,
Qu'aucun péril n'a jamais altéré,

Eſt toujours ſûr de remporter la palme.
Telle autrefois, défendant les Latins,
Près de Turnus parut cette Camille,
Tant célébrée autrefois par Virgile,
Dont la valeur retarda les deſtins
Du bon Énée & des guerriers Troyens.
Notre Nymphe eſt plus belle & plus jolie,
Peut-être aux champs de Mars moins aguerrie,
Moins ſanguinaire en livrant des combats ;
Mais préférable en pudeur, en appas,
A ce qu'étoit la Nymphe d'Italie.
Aurai-je aſſez de force en mes poumons
Pour vous chanter ſans abaiſſer mes ſons,
Sans verbiage, en rapporteur fidelle,
Ce qui rendit cette fille immortelle ?

Non, ce n'eſt point l'adreſſe des courſiers
Qui triomphoient aux joûtes olympiques,
Et dont Pindare en ſes vers héroïques
Peint les héros couronnés de lauriers ;
Mais ce feront des efforts de courage
Qu'Hercule auroit eu peine d'égaler :
Voir de la mort la redoutable image,
Et cependant agir ſans s'ébranler.
Venons au fait ; tableau d'après nature
N'a pas beſoin d'être orné de bordure ;
Ceci n'eſt point la légende d'un ſaint,
Mais un grand fait reconnu pour certain.

La Knefebeck, ſur un beau char portée,
Se promenoit au parc près de Berlin ;
D'un ciel tout clair l'aſpect l'avoit tentée
De reſpirer un air pur & ſerein,
Qu'en toute ville opulente, habitée,

Il faut chercher dans les champs au lointain.
Son char à peine a paſſé la limite
De nos remparts, que ſes courſiers ardens
Trop reſſemblans aux chevaux d'Hyppolite,
Bientôt fougueux prennent le mors aux dents;
Mais aucun monſtre à gueule flamboyante,
Le dos couvert d'écaille jauniſſante,
Du fond des eaux ſur eux ne s'élança;
Un haſard ſeul ainſi les courrouça.
Mon héroïne, en gardant contenance,
Vit ſans pâlir, la grandeur, l'éminence,
Du fort affreux qui ſes jours menaça;
Se préſenter à ſon ame aſſurée,
Les flots profonds des rives de la Sprée.
Ah! quel ſpectacle affreux & plein d'horreur,
D'être expoſée à ſe voir bien mouillée,
Et qui pis eſt, engloutie ou noyée!
Quant à la cour on eſt dame d'honneur,
Que faire, hélas! en un pareil malheur?
Déſeſpérer eſt choſe fort commune;
Mon héroïne avoit un plus grand cœur:
Elle ſut bien gouverner la fortune,
Et ſe ſauver par excès de valeur.

 Tel & moins fier parut le grand Eugène,
Quand de Belgrade à demi ruiné,
Accélérant la conquête prochaine,
Il fut ſoudain des Turcs environné;
Il ſoutint bien l'honneur du diadême,
Prenant d'abord un parti déciſif,
Il marche au Turc dans ce péril extrême,
Le bat, le force, & le rend fugitif.
Mon héroïne agit en tout de même,

Sans s'émouvoir, lamenter ou pleurer,
Hors de fon char, fans fe défefpérer,
L'air affuré, le maintien toujours libre,
Elle s'élance, & connoiffant à fond
Les loix qu'obferve un corps en équilibre,
Elle retombe heureufement à plomb ;
Tandis qu'au loin, d'une courfe rapide,
Ses fix courfiers entraînèrent leur guide.

 Tout étoit grand ; la réfolution,
Et le projet, & l'exécution,
Qui délivra notre illuftre héroïne
Du foin fâcheux, plus qu'on ne l'imagine,
De préfenter fes charmes à Pluton,
Ou d'affifter dans ce gouffre profond
Au grand couvert de Dame Proferpine,
Ce qui n'eft plus à préfent du bon ton.

 Que Rome encore avec fafte publie
La fermeté, l'audace de Clélie,
Dont le cheval rapidement nagea,
En la fauvant du camp de Porféna ;
Au quadrupède en eft tout le mérite ;
Mais la Romaine ainfi prenant la fuite,
A fa parole indignement manqua.

 La Knefebeck n'étoit point en ôtage ;
Elle pouvoit, felon fa volonté,
Sauter d'un char dont la rapidité,
Près de quitter les dunes du rivage,
Alloit noyer elle & fon équipage.

 Plus d'un guerrier a partagé l'honneur
De fes exploits avec toute l'armée ;
Quand d'un beau feu fa troupe eft animée,
Ce feu peut rendre un ignorant vainqueur.

Mais notre belle a le noble avantage
Plus recherché, plus rare & plus flatteur,
Que fes exploits lui font dûs fans partage ;
Par fa valeur furmontant le danger,
Elle dédaigne un fecours étranger.
Si tout concourt à fa folide gloire,
Il manquera pourtant à fon hiftoire
Un grand poëte, un célèbre artifan,
Comme il en fut aux bords de l'Éridan.
 Combien de noms, bien dignes de mémoire,
Sont peu connus dans ce vafte univers?
Un exploit perd, s'il n'a pour le répandre
Un fier prôneur qui le vante en beaux vers.
A tout propos on nous cite Alexandre,
Sans rappeller les faits d'un conquérant
Auffi rapide, & dans le fond plus grand,
Qui fubjugua lui feul l'Afie entière.
Si l'on néglige à ce point Tamerlan,
C'eft qu'il ne put trouver dans le levant,
Pour relever fa vertu guerrière,
Un Quinte-Curce, un Virgile, un Homère.
Ce Tamerlan fe trouvoit dans le cas
Où vos exploits feront réduits, ma chère ;
Pour les chanter, vous ne trouverez pas
Un Ariofte, un Dryden, un Voltaire ;
De ces grands faints, je fuis l'humble valet,
Et leur trompette en mes mains eft fifflet.
Quel prix auront des vers velches, tudefques,
Sans élégance, encor moins pittorefques,
Et réprouvés par l'Abbé d'Olivet?
Un rimailleur rebuté d'un purifte
A devant lui la perfpective trifte,

Qu'étant beaucoup rabaiffé fous Brébeuf,
Il eft chanté par le coq du Pont-Neuf.
 Mais en dépit des talens que refufe
Le dieu des vers à mon ingrate Mufe,
Je puis pourtant, fans trop m'aventurer,
A l'univers prouver & démontrer,
Qu'on trouve ici parmi nos Pruffiennes
Autant & plus que n'a fouvent vanté
La très-bavarde & docte antiquité,
Dans les hauts faits de fes concitoyennes;
J'honore fort Homère & fes Sirènes,
Mais quoi qu'ait dit ce grand poëte grec,
Je lui foutiens que fa Pentéfilée
Ne peut en rien jamais être égalée
A notre illuftre & brave Knefebeck.

AU
PRINCE FREDERIC DE BRUNSWICK.

L ES fruits nés dans les fols arides
De Berlin & de Sans-Souci,
Quand tout a le mieux réuffi,
Ne valent pas les fruits fplendides
Du beau jardin des Hefpérides :
Ils étoient d'or, & leurs appas
Éblouiffoient les cœurs avides
Qui préféroient ces biens folides
A des fruits bien plus délicats.
 Virgile aux chants de l'Enéide,
Nous peint d'un trait de fon pinceau
Énée, ayant Vénus pour guide,

A peine hors de son vaisseau,
Qu'il trouve au milieu des bois sombres
La pomme d'or & le rameau :
Il le saisit ; un don si beau
Fut pour le Roi des pâles ombres.
    Pour moi, si par faveur du sort
Je cueillois un fruit aussi rare,
Je n'offrirois pas ce trésor
Au noir souverain du Ténare,
Mais vous auriez la pomme d'or.

ÉPITRE
AU COMTE DE HODITZ,

Sur sa mauvaise humeur de ce qu'il a 70 ans.

Je vous ai vu, cher Comte, accablé de tristesse.
Vous voulez secouer le joug de la vieillesse,
Vous voulez être tel que vous l'avez été ;
Mais on regrette en vain la vigueur, la santé :
Ce temps ne revient plus, il s'écoule, il s'envole ;
L'amour-propre en gémit, le sage s'en console.
Dix lustres surchargés de vingt hivers complets
Rangeroient Mars lui-même au rang des * * * * :
Hercule à septante ans ne seroit plus Hercule,
Sa massue orneroit le bras de son émule.
Rien n'est stable, & le temps absorbe & détruit tout.
Vous vivez cependant & vous êtes debout.
Combien peu de mortels ont atteint à votre âge !
Vous en avez joui, que faut-il davantage ?

Remerciez plutôt le Ciel de fes bienfaits.
　Si vos fens épuifés ne trouvent plus d'attraits
Dans le fein des plaifirs, au milieu de ces fêtes
Où vous entaffiez conquêtes fur conquêtes,
Songez donc que Voltaire & même Richelieu
Ne vont plus à Paphos en invoquer le Dieu.
Ce ferrail fi peuplé, ce féjour de délices,
Devient à vos regards un gouffre de fupplices.
Vous avez confumé ces feux dont le retour
De défirs renaiffans attifoit votre amour,
Et d'un corps languiffant la vigueur affoiblie
Vous livre aux noirs foupçons, même à la jaloufie ;
De ces ferpens cruels votre cœur eft rongé.
Ah! cher Comte, à ce point peut-on vous voir changé?
　Qu'un Efpagnol jaloux, poffédé de colère,
Qu'un fier Napolitain, cruel & fanguinaire,
De leur amour trahi brûlent de fe venger ;
Ce n'eft point fur leurs pas qu'il faut vous engager.
La jeuneffe a des droits, & peut au moins prétendre ;
Mais qui ne jouit plus, doit favoir condefcendre.
La jaloufie enfin doit-elle confumer
Un cœur que la nature a formé pour aimer?...
Philis eft inconftante & Chloé trop volage :
De quoi vous plaignez-vous, & qu'importe à votre âge,
Si l'amour à leurs pas enchaîne des amans?
Gardez-vous de troubler leurs doux embraffemens ;
Vous eûtes votre tour ; que d'autres en jouiffent :
Ces fentimens-fi vifs, trop tôt s'évanouiffent.
Quel Roi pourroit lier par fon autorité
Au vieillard décrépit la naiffante beauté ?
Ni l'amour ni les goûts ne font point à commande,
Et chacun de fon cœur fait librement l'offrande.

　　　　　　　　　　　　　　　　Mais

Mais, Comte, examinez nos cheveux blanchiffans,
Nos fronts cicatrifés & nos membres tremblans ;
Qui penfera qu'encor ces déteftables charmes
Puiffent porter aux cœurs le trouble & les alarmes ?
Oui, nos vœux doivent être à coup fûr rejetés.
Quittons plutôt un dieu, puifqu'il nous a quittés,
Et d'un cœur magnanime abandonnons à d'autres
Ces plaifirs enchanteurs qui ne font plus les nôtres:
La nature abondante & prodigue en fes dons
Nous en a difpenfé pour toutes les faifons :
Au printemps de nos jours, heureux temps d'innocence,
La joie eft dans les pieds, on court, on faute, on danfe;
Bientôt le plaifir monte ; & les adolefcens
Au centre de leur corps ont le fiége des fens:
Au midi de nos jours, ce feu s'élève aux têtes ;
Le gain, l'ambition y caufent des tempêtes ;
Et quand l'hiver des ans amortit notre ardeur,
La raifon nous enchante & fait notre bonheur.
Ainfi par une loi conftante, irrévocable,
La nature a voulu que tout fût variable.
Tout ce qui naît, s'accroît, fe mine & fe détruit ;
Le plus beau jour fe voit fuccédé par la nuit.
Le fage à cette loi fe foumet fans murmure ;
Il profite en paffant des dons de la nature ;
Il ne peut en hiver exiger le printemps.
Mais vous, que la nature a comblé de préfens,
Soyez reconnoiffant, à fes faveurs fenfible.
Qu'un fou préfomptueux, ingrat, incorrigible,
Lui demande à grands cris d'augmenter fes bienfaits,
Que la volupté feule ait pour lui des attraits :
Comment ! peut-il toujours nager dans les délices ?
L'homme eft à chaque inftant au bord des précipices:

Tome I. L

Affoibli, décrépit, & furchargé de jours,
Qu'il laiffe loin de foi folâtrer les amours.
　　Que vois-je ? ah, quel regard ! & qu'eft-ce que m'indique
Ce vifage allongé, cet air mélancolique ?
Votre efprit accablé fe livre au défefpoir !
Avouez franchement, que fans vous émouvoir,
La mâle auftérité de la philofophie
Répugne à votre efprit, l'abat, le mortifie.
Au-lieu d'un ami vrai, vous cherchez un flatteur,
Afin d'autorifer, d'aigrir votre douleur :
Je voudrois la guérir, en arracher le germe,
Et rendre votre efprit plus tranquille & plus ferme.
Les temps qui font paffés ne fauroient revenir,
Mais vous pouvez encor, cher Comte, rajeunir !
N'eft-il d'autres plaifirs que dans la fource impure
Où s'en vont fe vautrer les pourceaux d'Épicure ?
Voyez ces partifans des fales voluptés,
N'en font-ils pas enfin & las & dégoûtés ?..
Il eft, il eft, croyez, des plaifirs pour tout âge.
Écoutez ce qu'a dit un grand homme, un vrai fage,
Ce fauveur des Romains, l'immortel Cicéron ;
Déchu de fes honneurs, paifible en fa maifon,
Au fein tumultueux de la guerre civile,
Déteftant les tyrans, gardant l'efprit tranquile,
Voici comme il s'exprime en parlant aux Romains :
　　Les lettres font, dit-il, le bonheur des humains ;
La jeuneffe à leurs foins doit fa courfe brillante,
Par elles la vieilleffe eft moins fombre & pefante ;
L'heureux extravagant y reprend fa raifon,
Le miférable y voit fa confolation ;
Chez nous, chez nos voifins, exilés, folitaires,
Leur fecours en tout temps adoucit nos mifères.

Quel plus noble plaifir que d'apprendre à penfer ?
Tout ce que vous perdez, ne peut le compenfer.
Le temple des beaux-arts vous ouvre fon afile ;
C'eft-là qu'eft réuni l'agréable à l'utile,
C'eft-là que vous pourrez à l'abri des foucis
Voir d'un foleil couchant les rayons éclaircis,
Contempler le néant des vanités du monde,
De vos plaifirs paffés l'illufion profonde,
Refter inébranlable aux divers coups du fort,
Et jouir du préfent fans redouter la mort.
L'unique & le feul bien digne qu'on le réclame,
Eft la fanté du corps & le repos de l'ame.

ODE

A MON FRERE HENRI.

TEL que d'un vol hardi s'élevant dans les nues,
Et déployant dans l'air fes ailes étendues,
  Il échappe à nos yeux,
L'oifeau de Jupiter fend cette plaine immenfe
Qui du monde au foleil occupe la diftance,
  Et perce jufqu'aux cieux :

Ou telle que foudain dans l'ombre étincelante,
Dans fon rapide cours la comète brillante
  Éclaire l'horizon,
Elle éclipfe les feux de la célefte voûte,
Et trace au firmament, dans fon oblique route,
  Un lumineux rayon :

Tel subjugué du Dieu dont la fureur m'inspire,
Plein de l'enthousiasme & du fougueux délire
  De ses transports divins,
Je prends un fier essor des fanges de la terre
Au palais d'où les Dieux font tomber le tonnerre
  Sur les pâles humains.

Mes accens ne sont plus ceux d'un mortel profane;
C'est Apollon lui-même, animant mon organe,
  Qui parle par ma voix.
Des destins éternels la volonté secrète
Se dévoile à mes yeux, je deviens l'interprète
  De leurs augustes loix.

O Prussiens! c'est à vous que l'oracle s'adresse,
A vous que le destin barbarement oppresse
  Par tant d'adversités;
Sachez qu'aucun État dans sa grandeur naissante
Ne fournit sans revers la course triomphante
  De ses prospérités.

Rome parut souvent au bord du précipice,
Sans que pour son secours l'appui d'un Dieu propice
  Repoussât son affront.
Les sénateurs en deuil pleuroient la république,
Lorsqu'Annibal vainqueur, de ses guerriers d'Afrique
  Eut écrasé Varron.

Rome au sein du danger accrut son espérance;
Elle maintint ses murs bien plus par sa constance
  Que par ses légions.
Mars, pour récompenser ce sublime courage,
Suscita pour vengeur d'un si cruel outrage
  L'aîné des Scipions.

Du Tibre désolé le démon de la guerre
Transporte aux régions de la coupable terre
  Le carnage & l'horreur.
Dans les champs africains l'ennemi prend la fuite ;
Scipion sauve Rome, & Carthage est réduite
  Sous les loix du vainqueur.

L'arbitre des destins, de ses mains libérales,
Verse sur les mortels, de deux urnes égales,
  Et les biens & les maux ;
Et sa fécondité sur les champs répandue
Fait croître également la casse & la ciguë,
  Le cèdre & les roseaux.

Ce mélange fâcheux d'infortune & de gloire,
De l'archive du temps remplit la longue histoire
  De cent revers cruels.
Une prospérité dont l'éclat se conserve,
Se refuse à nos vœux, le destin la réserve
  Pour les Dieux immortels.

Dans nos jours désastreux, la guerre qui vous mine
Semble annoncer, Prussiens, la prochaine ruine
  De vos vastes États ;
L'Europe conjurée, à l'œil brûlant de rage,
Porte jusqu'en vos champs la flamme, le carnage,
  L'horreur & le trépas.

Cette hydre en redressant ses têtes enflammées,
Vomit des légions, enfante ces armées
  Qui s'élancent sur vous ;
En vain elle sentit de vos mains triomphantes
Les redoutables traits, ses têtes renaissantes
  Bravent encor vos coups.

De ces fiers potentats, l'espérance superbe
Désire que nos murs, ensevelis sous l'herbe,
  Atteſtent notre deuil.
O guerriers généreux ! abattez leurs trophées ;
Leurs couleuvres dans peu ſous vos pieds étouffées
  Confondront leur orgueil.

C'eſt dans les grands dangers qu'une ame magnanime
Déploie avec vigueur la fermeté ſublime
  Du courage d'eſprit.
Le lâche, qui frémit au bruit de la tempête,
Plein d'effroi du péril qui menace ſa tête,
  Eſt le ſeul qui périt.

Au courage obſtiné la réſiſtance cède ;
Un noble déſeſpoir eſt l'unique remède
  Aux maux déſeſpérés.
Le temps termine tout, rien n'eſt long-temps extrême,
Et ſouvent le malheur devient la ſource même
  Des biens tant déſirés.

Les vents impétueux d'un ormeau qu'on néglige
Par leurs fougueux efforts font incliner la tige,
  Et courber ſes rameaux :
Mais de la molle arène & du niveau de l'herbe
Il s'élance, & dans peu de ſa tête ſuperbe
  Il brave leurs aſſauts.

Dans les bras d'Amphitrite, où ſon éclat expire,
Le ſoleil de la terre abandonne l'empire
  Aux ombres de la nuit ;
Ses rayons renaiſſans au point du jour éclipſent
Le feu de ſes rivaux ; tous les aſtres pâliſſent,
  Et l'obſcurité fuit.

Telle m'apparoissant, couverte de ténèbres,
Ma patrie éplorée, à ses voiles funèbres
    Attachant ses regards,
De nos calamités l'ame encore effrayée,
Sur nos lauriers flétris tristement appuyée,
    Maudissant les hasards.

Avec elle pleurant ses revers mémorables,
Accablé par le poids des destins implacables
    Contre elle déchaînés,
J'entrevois, dans l'horreur de l'ombre que j'abhorre,
Les prémices charmans & la naissante aurore
    De ses jours fortunés.

Les Dieux en ce séjour ne font plus de miracles,
Les mortels entourés de gouffres & d'obstacles,
    Qui bordent leur chemin,
Ont reçu d'eux, en don, l'esprit & le courage,
Utiles instrumens dont l'admirable ouvrage
    Corrige le destin.

La mort est un tribut qu'on doit à la nature ;
C'est lui rendre son bien dont on tira l'usure,
    Dans l'âge florissant :
Mévius le paya de même que Virgile,
Et le lâche Pâris, & le vaillant Achille ;
    Aucun n'en fut exempt.

Cette mort dont on craint la redoutable image,
Peut vous rendre immortels, si vous vengez l'outrage
    De vos lares, Prussiens.
L'amour de la patrie à Rome secourable,
Changeoit en demi-dieux de ce peuple adorable,
    Les moindres citoyens.

Eh quoi donc! notre siècle est-il sans nul mérite?
Du monde vieillissant la masse décrépite
    Est-elle sans vertus?
Par ses productions la nature épuisée
Laisse-t-elle en nos jours la terre sans rosée,
    L'océan sans reflux?

Non, non, de ces erreurs écartons les chimères:
Rome, de tes guerriers les vertus étrangères
    Ont illustré nos camps.
Nos triomphes fondés sur cent faits héroïques
Transmettent des Prussiens aux fastes historiques
    La gloire & les talens.

Vous, que notre jeunesse avec plaisir contemple,
De ses futurs exploits le modèle & l'exemple,
    L'ornement & l'appui,
Soutenez cet État dont la gloire passée,
Mon frère, sur le point de se voir éclipsée,
    S'obscurcit aujourd'hui.

Ainsi les temps féconds qui jamais ne s'épuisent,
Fourniront des appuis, tant que les astres luisent,
    O Prusse! à ta grandeur.
Ainsi ma Muse annonce en ses heureux présages,
Du bonheur de l'État jusqu'à la fin des âges
    La durable splendeur.

Que le sein déchiré des serpens de l'Envie,
Maudissant nos lauriers, l'affreuse Calomnie
    Frémisse de fureur;
Qu'elle lance sur nous de ses armes fatales
Des traits empoisonnés aux ondes infernales
    Pour noircir notre honneur.

Qu'importe à ma vertu sa colère implacable?
Je retrouve un vengeur dans l'arrêt équitable
  De la postérité.
Une ame magnanime, amante de la gloire,
Malgré ses envieux fait passer sa mémoire
  A l'immortalité.

C'est ainsi que ma Muse au pied d'un vieux trophée
A pu ressusciter de la lyre d'Orphée
  Les magiques accords,
Que par des sons hardis ma trompette guerrière
Des Prussiens aux combats d'une illustre carrière
  Excita les transports.

Dans le trouble des camps, aux rives de la Saale,
Tandis qu'à ses fureurs la Discorde infernale
  Livroit tout l'univers,
Que des antres du nord les neiges pacifiques
S'apprêtoient à voiler tant d'images tragiques,
  Phébus dicta ces vers.

   Fait à l'Eckartsberg, le 6 d'Octobre 1757.

ODE

AU PRINCE FERDINAND

DE BRUNSWICK,

Sur la retraite des François en 1758.

Ainsi près du Capitole
Le vaillant Cincinnatus
Disperse, poursuit, immole

Les cohortes de Brennus ;
Comme des épics fauchées,
Les plaines en font jonchées,
Et tous les champs du vainqueur.
Ce confulaire tant illuftre,
A Rome rendant fon luftre,
Fut fon fecond fondateur.

Ainfi lorfque de la terre
Les enfans audacieux
Ofèrent porter la guerre
Au brillant féjour des Dieux,
Tandis qu'ils l'efcaladèrent,
Qu'avec peine ils entaffèrent
L'Offa fur le Pélion,
Jupiter faifit fon foudre,
Et les réduifant en poudre,
Punit leur rebellion.

Tels ces peuples de la Seine
Armèrent leurs foibles mains,
Sûrs de fubjuguer fans peine
Les indomptables Germains.
De la gloire voyant l'ombre
S'appuyant fur leur grand nombre,
D'un trophée ils font l'apprêt ;
Mais des ruines fatales
Sont leurs pompes triomphales,
Et leur gloire difparoît.

Pendant que leur infolence
Ne trouve dans fon chemin
Nul corps dont la réfiftance

Peut balancer le deſtin,
Ils s'enflent, ils s'enhardiſſent,
Et les fleuves qu'ils franchiſſent,
Se couvrent de leurs roſeaux ;
La gloire tant mépriſée,
De cette entrepriſe aiſée,
D'orgueil bouffit ces héros.

Juſqu'en ſes grottes profondes
Le Rhin ſe ſent outrager,
Il s'indigne que ſes ondes
Portent un joug étranger.
Le Véſer dans l'eſclavage
Appelle ſur ſon rivage
Ses défenſeurs enflammés ;
Il aſſemble la tempête
Qui, François, ſur votre tête
Venge ſes bords opprimés.

En faveur de leur vaillance,
Et des plus nobles deſſeins,
On excuſe l'arrogance
Des triomphateurs Romains.
Mais vous, montrez-moi les marques
(Grands écraſeurs de monarques)
De vos ſuccès couronnés.
Je veux voir de vrais trophées,
Des querelles étouffées,
Non des peuples ruinés.

Quoi, cet armement immenſe,
Qui devoit nous extirper,
Comme une ombre ſans ſubſtance,

POESIES.

Vient donc de se dissiper ?
Quoi ! ce fantôme effroyable
Ne laisse de mémorable
Que ses vestiges sanglans ?
Comme la flotte invincible,
Dont l'appareil si terrible
Devient le jouet des vents.

Sous l'ombre douce & trompeuse
D'imaginaires lauriers,
La sécurité flatteuse
Endormoit tous vos guerriers ;
Rassasiés de pillage,
Ils estimoient leur courage
Par l'amas de leur butin.
O tranquillité traîtresse !
Tu voilois à leur mollesse
L'affreux réveil du matin.

Tel, en ouvrant sa carrière,
Du tendre sein de Thétis,
Dardant sa vive lumière
Par les airs appesantis,
Le flambeau qui nous éclaire,
Abat la vapeur légère
Qui déroboit son retour ;
Elle fuit, s'affaisse & tombe,
Et le brouillard qui succombe
Cède aux doux rayons du jour.

Tel Ferdinand, cet Alcide,
Par des coups prémédités
Dissipe en son cours rapide

Les François épouvantés ;
L'ennemi manque d'audace
Il fuit, un Dieu le terrasse,
Il redoute les combats.
Voilà le juste salaire,
O nation téméraire !
De vos derniers attentats.

Devant Ferdinand tout plie
Il affranchit le Véser,
Il tire la Westphalie
Du joug du François altier ;
Les ennemis en déroute
De Paris prennent la route.
La Gloire d'un air chagrin
Les retient à la frontière ;
Mais ils n'ont point de barrière
Qu'au delà des bords du Rhin.

Le héros, dont rien n'arrête
Le cours rapide & triomphant,
Signale d'une conquête
Chaque pas & chaque instant ;
Et du Rhin l'onde captive
Soudain sur son autre rive
Voit flotter ses étendards.
Créfeld, témoin de sa gloire,
Dans les bras de la victoire
Le prend pour le fils de Mars.

Ainsi le puissant génie,
Dont l'infatigable ardeur
Veille sur la Germanie,

Lui fufcite un défenfeur :
Cette multitude immenfe,
Dont nous inondoit la France,
Conduite par un Varus,
Dans fa courfe triomphante
Trouve, contre fon attente,
Un nouvel Arminius.

O nation frivole & vaine !
Quoi ! font-ce là ces guerriers
Sous Luxembourg, fous Turenne,
Couverts d'immortels lauriers ?
Ceux-là, zélés pour la gloire,
Affrontoient pour la victoire
Les périls & le trépas :
Vous, je vois votre courage
Auſſi bouillant au pillage
Que foible dans les combats.

L'intérêt, ce vice infame,
S'il devient tyran d'un cœur,
Étouffe la noble flamme
De la gloire & de l'honneur.
François, vantez vos richeffes,
Votre luxe, vos molleffes,
Et tous les dons de Plutus ;
Ma nation plus frugale,
Aux mœurs de Sardanapale
N'oppofe que fes vertus.

Quoi ! votre foible Monarque,
Jouet de la Pompadour,
Flétri par plus d'une marque

Des chaînes d'un vil amour ;
Lui qui détestant les peines,
Au hasard remet les rênes
De son royaume aux abois ;
Cet esclave parle en maître,
Ce Céladon sous un hêtre
Croit dicter le sort des rois.

Par quel droit, ou par quel titre,
Croit-il dompter les destins ?
L'orgueil ne rend point arbitre
Des droits d'autres souverains.
Qu'il soutienne ses oracles
A force de grands miracles ;
Mais déjà l'ennui l'endort,
Il ignore dans Versailles
Que par le gain des batailles
Du monde on fixe le sort.

De l'Europe en Amérique,
L'intérêt, l'ambition,
La barbare politique,
Sèment la confusion ;
L'Allemagne encor fumante,
Et de carnage sanglante,
Ressent la fureur des rois ;
La licence & l'avarice,
Et la force & l'injustice,
Y règnent au lieu de loix.

Quel démon de vous s'empare,
Monarques de l'univers ?
Quelle vengeance barbare

Change nos champs en déserts ?
Vos passions sacriléges
Vous attirent dans les piéges,
Par les crimes apprêtés ;
Vous que le pouvoir seconde,
Nés pour le bonheur du monde,
C'est vous qui le dévastez ?

Cette grandeur passagére
Dont se bouffit votre orgueil,
Peut par un destin contraire
Se briser contre un écueil ;
Vous êtes ce que nous sommes,
Monarques, mais toujours hommes,
Et votre temps accompli,
La fortune, de sa cime
Vous fait tomber dans l'abîme
De la mort & de l'oubli.

Fait à Griessau, le 6 d'Avril 1758.

ODE
AUX GERMAINS.

O MALHEUREUX Germains ! vos guerres intestines,
Vos troubles, vos fureurs annoncent vos ruines.
Que de cris douloureux font retentir les airs !
Quels monumens affreux de vos longues alarmes !
Vos cités sont en poudre & vos champs des déserts,
Et des fleuves de sang ruissellent sous vos armes.
 Vos triomphes odieux

Précipitent la patrie
Dans l'affreufe barbarie
Qu'ont banni vos aïeux.

L'œil brûlant de fureur, la Difcorde infernale
Excite en vos efprits cette haine fatale,
La foif de vous détruire & de vous égorger.
Vos facriléges mains déchirent vos entrailles ;
Le Ciel, le jufte Ciel, qui fe fent outrager,
N'éclaire qu'à regret vos triftes funérailles ;
Et craignant de fe fouiller,
Déjà le flambeau célefte,
Comme au feftin de Thyefte,
Eft tout prêt à reculer.

Tels dans ce gouffre affreux, impur, abominable,
Où la haine établit fon trône impitoyable,
On dépeint ces efprits orgueilleux, malfaifans,
Dont la troupe inquiète infolemment conjure,
Dont la rebellion & les vœux impuiffans
Tendent à renverfer l'ordre de la nature ;
Ils difent dans leurs complots :
Des cieux brifons la barrière,
Et replongeons la matière
Dans fon antique chaos.

Perfides ! vous craignez qu'au tranchant de l'épée,
Du fang des citoyens une goutte échappée
Ne reproduife encor de nouveaux défenfeurs.
Enfans dénaturés d'une commune mère,
Pour confommer le crime & combler vos noirceurs,
Vous armez des brigands d'une terre étrangère ;

Compagnons de vos exploits,
Déjà leur fureur confpire
A renverfer dans l'Empire
Et l'équilibre & les loix.

Telle s'abandonnant à fa fougue infenfée,
Par trop d'ambition à foi-même oppofée,
La Grèce s'épuifa par fes divifions ;
L'impérieufe Sparte & l'orgueilleufe Athène,
Se brifant par l'effort de leurs diffentions,
Virent paffer le fceptre à la ligue achéenne :
    Par fes troubles inteftins
    La république ébranlée,
    Demanda, trop aveuglée,
    L'appui des confuls Romains.

Mais de fes défenfeurs le fecours redoutable
L'affaiffa fous le poids d'un joug infupportable,
Et les Grecs, de faifceaux par-tout environnés,
Par leur expérience apprirent à connoître,
Que de leurs paffions les tranfports effrénés,
Au-lieu d'un protecteur leur donnèrent un maître.
    Ainfi par rivalité,
    Et par leurs complots iniques,
    Ces puiffantes républiques
    Perdirent leur liberté.

Vous appellez ainfi pour accabler la Pruffe
Le François, le Suédois, & l'indomptable Ruffe.
Malheureux ! vous creufez des gouffres fous vos pas,
Et vous leur paîrez cher leur funefte affiftance ;
Ces fuperbes tyrans, intrus dans vos Etats,
Vous comptent affervis fous leur obéiffance.

Que leurs dangereux essaims
Vous feront verser de larmes !
Vos mains aiguisent les armes
De ces perfides voisins.

Que n'armez-vous vos bras, comme au temps de vos pères;
Pour réprimer l'orgueil de puissans adversaires,
Des fiers usurpateurs dont le fer s'est soumis
Du Danube & du Rhin les plus riches provinces,
Redoutables voisins, éternels ennemis
De votre liberté, de vos droits, de vos princes ?
  Mais vos cruels armemens,
  Applaudis des Euménides,
  Souillent vos bras parricides
  Du meurtre de vos parens.

Conquérez, abattez ces remparts de la Flandre,
Secondez les Hongrois, mettez Belgrade en cendre.
A ces noms votre ardeur devroit se réchauffer.
Dans ces champs glorieux, sur ce sanglant théâtre,
On vit en l'admirant Eugène triompher
De tous les ennemis qu'il avoit à combattre.
  Ah ! tout doit vous enhardir,
  Et tout cœur patriotique
  A ce dessein héroïque
  Doit vivement applaudir.

Là, signalant vos bras, votre ardeur peut détruire
D'un voisin envieux le redoutable empire,
Immense réservoir d'ennemis belliqueux,
Dont les débordemens si souvent inondèrent
D'un innombrable amas de combattans fougueux,
Ces champs qu'en gémissant vos aïeux cultivèrent.
  Ce sont vos vrais ennemis:

Votre audace extravagante,
Dans fa fougue violente,
N'accable que fes amis.

N'appercevez-vous point aux rives du Bofphore
L'impérieux Sultan dont l'orgueil vous abhorre?
Il bénit votre rage & vos cruels débats;
Votre difcorde affreufe avance fon ouvrage.
C'eft vous qui lui prêtez vos fanguinaires bras,
Pour épargner aux fiens le meurtre & le carnage;
Et de fes pompeufes tours
Il contemple, plein de joie,
L'aigle & le faucon, en proie
Au bec tranchant des vautours.

Tel le Romain vainqueur voyoit au Colifée
Des ennemis captifs la troupe méprifée
Pour fon amufement fe livrer des combats,
Où des gladiateurs, que dans ces jeux atroces
Un plaifir inhumain dévouoit au trépas,
Se laiffoient déchirer par des bêtes féroces:
Il s'abreuvoit en repos,
Sans fe reprocher fes crimes,
Du fang de tant de victimes
Que moiffonnoit Atropos.

Mais n'avez-vous, cruels, que l'étranger à craindre?
Le péril eft preffant, il n'eft plus temps de feindre:
Regardez le Danube enfanter vos tyrans.
Tandis qu'aveuglément votre audace me brave,
La Liberté s'indigne, & fes regards mourans
Pleurent un peuple vil qui veut fe rendre efclave.
Ah! déteftez vos écarts,
Votre étrange fanatifme

Va fonder le defpotifme
Qu'ont préparé vos Céfars.

Leur noire ambition nous a tendu le piége :
Ah ! que près d'y tomber la raifon vous protége !
Rougiffez de fervir de lâches inftrumens
Au tyran dont l'orgueil guida votre vaillance ,
Et ne cimentez point les fecrets fondemens
D'une trop rigoureufe & durable puiffance.
  Vous triomphez aujourd'hui ,
  Enivrés de votre gloire ;
  Hélas ! de votre victoire
  Les fruits ne font que pour lui.

Que des antiques faits le récit vous éclaire.
Voyez-vous Charles-Quint dans fon deftin profpère ,
Des Germains divifés chef trop ambitieux ,
Par fes fiers Efpagnols fubjuguer vos provinces ;
A fon joug abfolu façonnant vos ayeux ,
Enchaîner à fon char vos plus illuftres princes ;
  Et bientôt Ferdinand-Trois ,
  Verfant le fang hérétique ,
  Par fon pouvoir tyrannique
  Prêt à fupprimer vos loix.

Mais je vous parle en vain : mes difcours vous déplaifent.
Répondez, malheureux !.. les perfides fe taifent.
Ils ont dégénéré de l'antique vertu ;
Leur liberté qu'enchaîne une main infolente ,
Sous un fervile joug baiffe un front abattu ;
Aux pieds de fes tyrans elle eft fouple & rampante.
  Ils fe laiffent opprimer ,
  Et ces lâches, par foibleffe ,

A leurs fers avec bassesse
Sont prêts à s'accoutumer.

Partez, partez, Prussiens, & quittez cette terre
En proie à l'injustice, aux fléaux de la guerre,
Où l'esprit de vertige aveugle vos parens ;
Et puisque le Germain rempli d'ingratitude
Proscrit ses protecteurs pour servir ses tyrans,
Trahit sa liberté pour vivre en servitude,
    Abandonnons ces pervers ;
    Qu'ils deviennent la victime
    Du tyran qui les opprime,
    Puisqu'ils ont forgé leurs fers.

Sous un ciel plus heureux cherchons une contrée,
Où renaissent les jours de Saturne & de Rhée.
Le repaire où se tient l'homicide Iroquois,
Les stériles rochers que baigne l'eau du Phase,
Les déserts dont le tigre ensanglante les bois,
Les antres ténébreux qu'enferre le Caucase,
    Sont pour nos cœurs ulcérés
    Des demeures préférables
    A ces bords abominables,
    A tous les forfaits livrés.

Mais non, braves amis, une ame magnanime,
D'un dessein si honteux & si pusillanime,
Étouffe lorsqu'il naît l'indigne sentiment.
Sauvons au moins l'honneur, bravons la destinée ;
Les équitables Dieux par un grand châtiment
Vengeront & Thémis & la paix profanée.
    Volez, vaillans escadrons ;
    Élancez-vous dans la foule ;

Que le sang perfide coule,
Et lave tous vos affronts.

A tant de nations contre vous conjurées,
D'ambition, d'orgueil & d'audace enivrées,
Portez sans vous troubler les plus vigoureux coups,
Et que de vos succès le cours inaltérable
Laisse au monde un trophée unique & mémorable.
 Dans l'ardeur de vous venger,
 Pensez, au sein du carnage,
 Qu'il n'est pour un vrai courage
 Point de gloire sans danger.

Fait à Freyberg le 29 Mars 1760.

ODE
AU PRINCE HÉRÉDITAIRE
DE BRUNSWICK.

Lorsque les nations, fougueuses, égarées,
Offrent dans les combats, de leur sang altérées,
 Des objets abhorrés;
Qu'au milieu de l'effroi, des horreurs, des alarmes,
Si la pitié recueille & fait sécher les larmes
 Des peuples éplorés:

Tandis que du destin la maligne influence
S'obstine à fatiguer par sa persévérance
 Les Prussiens accablés;
Que par les longs assauts de vingt rois en furie,
Les fondemens du trône & ceux de ma patrie
 Déjà sont ébranlés;

Tandis que dans les camps de ces peuples perfides,
Des gouffres infernaux je vois les Euménides
  Sortir de chez les morts,
Mêler leurs noirs flambeaux aux foudres meurtrières,
Aux feux de la difcorde, aux flammes incendiaires
  Qui défolent ces bords :

Mes efprits accablés d'une douleur perçante
Ont entendu foudain une voix confolante,
  Digne de les calmer,
Qui réveille en mon cœur, à fes chagrins en proie,
Un fentiment éteint d'efpérance & de joie,
  Lent à fe ranimer.

Ainfi, quand l'aquilon par de fougueux ravages,
D'un pôle jufqu'à l'autre amaffant les nuages,
  Répand l'obfcurité,
En perçant l'épaiffeur de cette vapeur fombre,
L'aftre éclatant du jour darde à travers cette ombre
  Un rayon de clarté.

Ainfi, dans les horreurs du deftin qui m'oppreffe
La clarté reparoît, j'apperçois ma déeffe,
  J'entends fes fons flatteurs :
Elle ne fème point la crainte & l'épouvante ;
Le plaifir, l'efpérance, & leur troupe charmante
  Sont fes avant-coureurs.

Dans les airs je la vois, de cent bouches armée,
Faire en tous les climats de fa voix renforcée
  Retentir les échos ;
Je l'entends entonner la trompette guerrière,
Traçant dans un cartouche éclatant de lumière
  Quelques noms de héros.

On ne la vit jamais plus brillante & plus vive,
Plus prompte à publier à l'Europe attentive
  De rapides progrès.
Quel est ce nom chéri que profère sa bouche?
Qui l'occupe tout seul, qui ravit & qui touche
  Mes sens par ses attraits?

Sans interruption l'indiscrète révèle
Sa vertu, ses exploits, sa valeur immortelle,
  Si dignes de son rang ;
Ce héros dont l'esprit unit dès sa jeunesse
Le solide au brillant, l'ardeur à la sagesse,
  Est de mon propre sang.

Regardez-le, ma sœur, l'amour vous y convie,
Dans vos flancs vertueux ce héros prit la vie,
  Et ses rares talens ;
Votre belle ame en lui retraça son image ;
De son auguste père il a tout le courage
  Et les grands sentimens.

Dans ses plus beaux succès, toujours doux & modeste,
Lorsque son bras vainqueur au François trop funeste
  Remplit leur camp de deuil,
Dans le cours triomphant d'une heureuse fortune,
Toujours sans s'éblouir son ame peu commune
  A repoussé l'orgueil.

Ces victimes de Mars près du Rhin moissonnées,
Passant les sombres bords, aux ombres étonnées
  Ont publié son nom :
Le dépit des héros troubla tout l'Élysée ;
Mais votre ombre en courroux parut la plus léfée,
  O Henri-le-Lion !

Des abîmes profonds que le Cocyte enferre
Elle part indignée, & cherche fur la terre
  Son fils & fon rival :
Elle en apprend bien plus que de la renommée ;
Elle voit le héros au milieu d'une armée,
  Sur un char triomphal :

  « Je vous cède, dit-elle, & jamais mon courage
« N'a produit les hauts faits qui dès votre jeune âge
  « Etonnent les humains :
« J'ai dû tous mes fuccès à ma grandeur fans borne ;
« Vos lauriers font, ainfi que tout ce qui vous orne,
  « L'ouvrage de vos mains.

« Heureux font les parens auffi tendres qu'habiles,
« Dont les fages confeils à votre aurore utiles,
  « Mon fils, vous ont conduit :
« Ils font récompenfés par une immenfe ufure ;
« D'un champ reconnoiffant au foin de leur culture
  « Ils recueillent le fruit.

« Adieu, vivez heureux ; qu'une tête fi chère
« Soit à l'abri des coups dont un deftin contraire
  « Peut menacer les jours ;
« Et que le jufte Ciel dont le bras vous protége,
« Vous préfervant du plomb & du fer facrilége,
  « En prolonge le cours !

En finiffant ces mots, cette ombre magnanime
S'éloigne en gémiffant, s'élance dans l'abîme,
  Et fe dérobe aux yeux ;

Par trois coups redoublés, les Dieux, de leur tonnerre,
Ont daigné confirmer & promettre à la terre
    Des préfages heureux.

Tandis que fans penfer, cette foule commune
De guerriers indolens a blanchi fans fortune
    Dans les travaux de Mars,
Et voit fans profiter ce que l'expérience
Des fublimes fecrets de la haute fcience
    Découvre à fes regards;

O vous, jeune héros! dans un âge débile,
Comment avez-vous pu dans ce fiècle ftérile,
    En tout abâtardi,
Vous élever tout feul à côté des Turennes,
Des Weimars, des Condés, & des grands capitaines,
    Par un vol fi hardi?

Ce généreux effort c'eft le fceau du génie,
Qui libre en fes tranfports, loin de la route unie,
    Vole fe fignaler;
Par fa rapide courfe, au bout de la carrière,
Il voit que lentement la méthode, en arrière
    Rampe fans l'égaler.

N'allez pas foupçonner qu'une lâche tendreffe,
D'un fang qui vous chérit la force enchantereffe,
    Puiffent m'en impofer;
J'en attefte vos faits, votre ame noble & pure;
Ce font mes préjugés: quelle eft donc l'impofture
    Qui puiffe m'abufer?

Ah ! périsse à jamais toute éloquence impie,
Qui pour empoisonner une auſſi belle vie,
  D'orgueil veut l'infecter !
Qui prodigue au hasard l'encens & le menſonge,
La remplit de dédains & dans l'erreur la plonge,
  Trop lâche à la flatter !

Mais quand les nations du même ton s'expriment,
Lorſque nos ennemis à regret vous eſtiment,
  Et chantent vos exploits ;
Dans ce concert charmant que l'univers répète,
Par quel droit faudra-t-il que ma bouche muette
  Vous refuſe ſa voix ?

Jamais la politique, ou l'intérêt infame,
Tâchant de remuer les reſſorts de mon ame,
  Ne purent l'ébranler :
Trop ſincère ennemi de toute extravagance,
Ma Muſe auroit mieux fait en gardant le ſilence,
  De la diſſimuler.

Non, non, les plus grands rois, ſi fiers de leur pui
Ne forcèrent jamais ma libre indépendance
  A vanter leurs talens ;
L'audace couronnée, avide de louange,
N'attirera jamais, ſi mon cœur ne s'y range,
  L'odeur de mon encens.

Et comment célébrer ces fardeaux de la terre,
Fantômes qu'à leur honte on arma du tonnerre,
  Sur le trône engourdis ?
Ou careſſer l'orgueil de ces ames altières,

Vivant dans la mollesse, inflexibles & fières,
  Dignes de nos mépris?

On ne me verra point par des soins si frivoles,
Trahissant ma raison, aux pieds de ces idoles,
  Parer leurs vains autels;
Malgré ma probité, malgré ma conscience,
Par d'infidèles poids peser sur ma balance
  La vertu des mortels.

Ah! ne profanons point les sons de l'harmonie,
Et le charme enchanteur qui rend la poésie
  Le langage des Dieux.
Loin de prostituer les accords de ma lyre,
Je laisse déchirer aux dents de la satyre
  Les vices odieux.

Mais lorsque la vertu s'offre avec la victoire,
En brûlant d'élever un trophée à la gloire,
  J'entonne mes concerts:
Charmé de son éclat, ses beautés immortelles
Raniment de mon feu les vives étincelles,
  Et m'inspirent des vers.

Tandis que mon ardeur au Pinde me transporte,
Et que l'enthousiasme & sa brillante escorte
  Subjuguent ma raison,
Qu'échauffé des exploits du héros que j'admire,
Leur charme tout-puissant, auteur de mon délire,
  Me tient lieu d'Apollon:

Sur mon front décrépit les fleurs se sont fanées;
Le temps amène en hâte & l'âge & les années
  Sur ses rapides pas;

De mes jours paſſagers la briève durée,
Trop prompte à s'écouler, dans peu ſera livrée
      A la faux du trépas.

Ah! quoique de mes ſens la force s'évapore,
Cher Prince, ſatisfait d'avoir de votre aurore
      Vu les premiers rayons,
Si mes yeux ne ſont plus témoins de votre gloire,
Si la mort me ravit d'une auſſi belle hiſtoire
      Grand nombre d'actions :

Je puis au moins prévoir par mes heureux préſages,
En perçant l'avenir & de la nuit des âges
      La ſombre obſcurité ;
Qu'après les longs travaux d'un courage intrépide,
Votre nom s'accroiſſant, ira d'un vol rapide
      A l'immortalité !

A MA SŒUR DE BAREUTH.

En 1757.

O Doux & cher eſpoir du reſte de mes jours !
O ſœur ! dont l'amitié ſi fertile en ſecours
Partage mes chagrins, de mes douleurs s'attriſte,
Et d'un bras ſecourable au ſein des maux m'aſſiſte.
Vainement le deſtin m'accable de revers ;
Vainement contre moi s'arme tout l'univers :
Si ſous mes pas tremblans la terre eſt entr'ouverte,
Si la foule des rois a conjuré ma perte,
Qu'importe ? Vous m'aimez, tendre & ſenſible ſœur :

Étant chéri de vous, il n'eſt plus de malheur.
J'ai vu, vous le ſavez, s'épaiſſir les nuages
Dont les flancs ténébreux ont vomi ces orages.
J'ai vu, vous le ſavez, tranquille & ſans effroi,
Ces dangereux complots ſe tramer contre moi :
La fortune ennemie excitant la tempête,
M'ôta juſqu'aux moyens d'y dérober ma tête :
Soudain en s'élançant du gouffre des enfers,
La Diſcorde parut & troubla l'univers.

 Ce fut dans ton ſénat, ô fougueuſe Angleterre !
Où ce monſtre inhumain fit éclater la guerre ;
D'abord ce feu s'embraſe en de lointains climats,
D'Europe en Amérique engage des combats.
La mer en eſt émue en ſes grottes profondes ;
Neptune au joug anglois voit aſſervir ſes ondes ;
L'Iroquois, qui devient le prix de ces forfaits,
Déteſte les tyrans qui troublent ſes forêts.
La Diſcorde auſſi-tôt contemplant ſon ouvrage,
S'applaudit des horreurs que produiſit ſa rage,
Rit des foibles mortels qui pour ſe déchirer
Traverſent l'océan fait pour les ſéparer.
Dans ſe brillans ſuccès auſſi-tôt elle aſpire
A rendre univerſel le trouble & ſon empire ;
Elle paſſe en Europe, elle s'adreſſe aux rois :
„ Juſqu'à quand ſerez-vous eſclaves de vos loix ?
„ Eſt-ce à vous de plier ſous l'aveugle caprice
„ De préjugés uſés, d'équité, de juſtice ?
„ Il n'eſt de Dieu que Mars, la force fait vos droits,
Dit-elle, „ & tout monarque eſt né pour les exploits. „

 O fille des Céſars ! l'ambition ardente
Se ranime à ces mots dans ton ame flottante.
La probité, l'honneur, les traités, le devoir,

Trop fragiles liens pour borner ton pouvoir,
S'effacent de ton cœur ; tes mains peu fcrupuleufes
Dégagent de leur frein tes paffions fougueufes.
Au Germain généreux, à ce peuple indompté,
Tu brûles de ravir fa noble liberté,
D'abaiffer tes égaux, d'anéantir le fchifme,
Et fur tant de débris fonder ton defpotifme.
A d'auffi grands projets il faut de grands moyens ;
Chez les plus puiffans rois tu cherches des foutiens.
Tes confeillers experts, rompus aux artifices,
Par l'impofture & l'or ameutent tes complices ;
Il n'eft point de forfait, il n'eft point d'attentat
Qu'on n'emploie à former ce fier triumvirat.
Ce complot monftrueux opprime en une année
De fon terrible poids l'Europe confternée.
L'ami timide feint de craindre le danger,
L'ami perfide à Vienne accourt pour s'engager.
Depuis le Rouffillon jufqu'au climat fauvage
Où le Ruffe glacé croupit dans l'efclavage,
Tout s'arme pour l'Autriche, on marche fous fes loix,
On conjure ma perte, on foule aux pieds mes droits.
La fille des Céfars dévoroit fa conquête,
Préfageoit fon triomphe, en préparoit la fête,
Vivoit dans l'avenir, & goûtoit les douceurs
De recueillir les fruits de fes projets flatteurs.
Tel eft le fort des grands dont la vertu commune,
Baffe dans les revers, haute dans la fortune,
S'enivrant du poifon de la profpérité,
Ne peut pofer de terme à fa cupidité.
L'infolent intérêt, abufant du délire,
Nomme au triumvirat les rois qu'il doit profcrire,
Et ces tyrans ingrats par le crime liés
S'immolent fans remords leurs plus chers alliés.

O jour digne d'oubli ! Quelle atroce imprudence !
Thérèse, c'est l'Anglois que tu vends à la France,
Ton généreux foutien dans tes premiers malheurs,
Lui qui réfifta feul au nombre d'oppreffeurs
Dont l'efpoir divifoit ce puiffant héritage,
Que ton père en mourant te laiffoit en partage :
Tu règnes ; mais lui feul a fauvé tes États.
 Les bienfaits chez les Rois ne font que des ingrats !
Toi, Monarque indolent, que la pourpre embarraffe,
Ne te fouvient-il plus qui délivra l'Alface ?
Mes regards indignés dans tes camps amollis
Ont vu flotter un aigle entre les fleurs de lis.
L'injure & le bienfait fe perd de ta mémoire.
Efclave d'une femme, eft-il pour toi de gloire ?
Ton trône & ton pouvoir font le prix de l'amour,
Et Vienne a fubjugué ta maîtreffe & ta cour.
Pompadour en vendant fon amant au plus riche,
Rend la France en nos jours efclave de l'Autriche,
Le Canada bientôt eft en proie aux Anglois :
Mais qu'importe à Louis la gloire des François ?
 Thérèfe, après ces coups, l'ame de l'alliance,
Veut par de grands exploits fignaler fa puiffance.
Auffi-tôt tout s'émeut en fes vaftes États,
Et l'Autriche en travail enfante des foldats.
La Bohème opprimée & faignant de fes pertes,
Voit par des camps nombreux fes campagnes couvertes.
Le trouble, la terreur, le défordre s'accroît,
La paix s'envole aux cieux, l'équité difparoît ;
On refpire le fang, le meurtre, les alarmes ;
Les champs reftent déferts, tout peuple eft fous les armes.
Cet Ange qui préfide au deftin des combats,
Qui dirige ou retient les flèches du trépas,

Arrache la fortune, ou foudain la ramène,
Soutenoit nos drapeaux d'une main incertaine;
Il permet que le nombre accable la vertu.
L'Autrichien fouvent par nos coups abattu
Sur des monts efcarpés s'affied plein d'arrogance,
Provoque nos foldats & brave leur vaillance.
Tout ce qu'ont pu jamais le courage, l'honneur,
Le mépris des dangers, la gloire, la valeur,
Parut en ce combat : les affauts fe fuccèdent,
Les monts font emportés, déjà nos rivaux cèdent;
Mais le nombre nous manque ; en ce moment fatal,
La Victoire s'envole au camp impérial.
De la Pruffe aux abois on crut la chûte fûre ;
On préfageoit fa mort d'une foible bleffure.
Ce qu'il reftoit de rois jufqu'en ces jours d'horreurs,
De nos combats fanglans tranquilles fpectateurs,
L'efprit préoccupé de frivoles attentes,
Flattés de partager nos dépouilles fanglantes,
Des triumvirs vainqueurs groffiffent le parti.
Ce peuple confiné vers le pôle applati,
Sous des rois belliqueux fi redouté naguère,
Qu'avilit maintenant un fénat mercenaire,
La Suède long-temps l'émule des Germains,
S'arme pour profiter de leurs maux inteftins.
Que dis-je ? mes parens, pour combler la mefure,
En outrageant leur fang étouffent la nature,
Ou féduits, ou craintifs, entraînés ou trompés,
Dans ce complot d'horreurs de même enveloppés;
Couvrant leur trahifon de voiles hypocrites,
Des heureux triumvirs fe font les fatellites.

 O décrets inconnus de la fatalité !
Qui prefcrivez un terme à la profpérité,

O fortune inconstante ! ô déesse légère !
Que tout ambitieux au fond du cœur vénère,
On ne m'entendra point, profanant l'art des vers,
Célébrer tes faveurs, déplorer mes revers.
Je sais que je suis homme, & né pour la souffrance,
Je dois à tes rigueurs opposer ma constance.
　Et toi, peuple chéri, peuple objet de mes vœux,
O toi ! que par devoir je devois rendre heureux,
Ton danger que je vois, ton destin lamentable
Me perce au fond du cœur ; c'est ton sort qui m'accable.
J'oublîrai sans regret le faste de mon rang,
Mais pour te relever j'épuiserai mon sang.
Oui, ce sang t'appartient, oui, mon ame attendrie
Immole avec plaisir ses jours à ma patrie.
Long-temps son défenseur, j'ose du même front
Ranimer nos guerriers à verger son affront,
Défier le trépas au pied de ses courtines,
Vaincre, ou m'ensevelir couvert sous ses ruines.
　Tandis que je m'apprête à braver mon destin,
Dieux ! quels lugubres cris s'élèvent de Berlin ?
A travers les sanglots d'une douleur amère
Se distingue une voix.. la mort frappe ta mère,
Les ombres du trépas, que dis-je ?.... c'en est fait :
Ah ! du sort irrité voilà le dernier trait.
Tous genres de malheurs sur moi fondent en foule,
Ma vie en vains regrets funestement s'écoule,
Hélas ! j'ai trop vécu, pour un infortuné.
Malgré moi de vos bras, ô ma mère ! entraîné,
Que ce dernier congé dans ces momens d'alarmes
Par mes pressentimens fut arrosé de larmes !
Mon cœur, mon triste cœur, facile à s'attendrir,
Ne m'annonçoit que trop ce cruel avenir.

J'efpérois qu'Atropos, flexible à ma prière,
Contente de mon fang, refpecteroit ma mère.
Hélas ! je me trompois, la mort fuit mes malheurs,
Pour étendre fur vous fes livides horreurs.
 Ce fombre monument eft donc ce qui conferve
Vos reftes précieux, mon augufte Minerve ?
Je vous devois le jour, je vous devois bien plus;
Votre exemple inftruifoit à fuivre vos vertus :
Malgré l'affreux trépas je les refpecte encore,
Votre tombe eft pour moi le lieu faint que j'honore.
Si tout n'eft pas détruit, fi fur les fombres bords
Les foupirs des vivans pénètrent chez les morts,
Si la voix de mon cœur, de vous fe fait entendre,
Permettez que mes pleurs arrofent votre cendre,
Et qu'empliffant les airs de mes triftes regrets,
Je répande des fleurs aux pieds de vos cyprès.
 Du déclin de mes jours la fin empoifonnée,
D'un tiffu de tourmens remplit ma deftinée.
Le préfent m'eft affreux, l'avenir inconftant.
Quoi ! ferois-je formé par un Dieu bienfaifant ?
Ah ! s'il étoit fi bon, tendre pour fon ouvrage,
Un fort égal & doux feroit notre partage.
 Maintenant promoteurs de menfonges facrés,
D'un long amas d'erreurs organes révérés,
Égarez des humains l'efprit rempli de crainte
Dans les détours obfcurs de votre labyrinthe.
L'enchantement finit, le charme difparoît.
Je vois que du deftin tout homme eft le jouet.
Mais s'il fubfifte un Être inexorable & fombre,
D'un troupeau méprifé laiffant groffir le nombre,
D'un œil indifférent il voit dans l'univers
Phalàris couronné, Socrate dans les fers,

Nos vertus, nos forfaits, les horreurs de la guerre,
Et les fléaux cruels qui ravagent la terre.
Ainsi, mon seul asile & mon unique port
Se trouve, chère sœur, dans les bras de la mort.

ÉPITRE
A MA SŒUR AMÉLIE.

Vous souffrez donc aussi de nos cruelles guerres ?
Et le François fougueux, insolent & pillard,
  Conduit par un obscur César,
  A, dit-on, ravagé vos terres,
Tandis que sans raison, guidé par le hasard,
Un ennemi cent fois plus dur & plus barbare,
Par le fer & le feu signalant ses exploits,
  Par le Cosaque & le Tartare
  A réduit la Prusse aux abois.
  Effaçons de notre mémoire
Des objets révoltans qui doivent lui peser ;
Nous rappeller toujours notre funeste histoire,
Seroit aigrir des maux que l'on doit appaiser.
  Moi, dont les blessures ouvertes,
  Saignent encor de tant de pertes,
  M'approchant du bord du tombeau,
  Pourrai-je en rimes enfilées
  Peindre, d'un languissant pinceau,
Dans le deuil, dans l'ennui tant d'heures écoulées,
  Et de nos pertes signalées
  Renouveller l'affreux tableau ?
Lorsque de l'occident amenant les ténèbres,

Étendant fur l'azur des cieux
Les crêpes épaiſſis de ſes voiles funèbres,
La nuit vient cacher à nos yeux
De l'aſtre des ſaiſons le globe radieux ;
Philomèle au fond d'un bocage
Ne fait plus retentir de ſon tendre ramage
Les échos des forêts alors ſilencieux :
Elle attend le moment que la brillante Aurore,
Verſant le nectar de ſes pleurs,
Avec l'aube nous faſſe éclore
Le jour, les plaiſirs, & les fleurs.
Ma ſœur, en ſuivant ſon exemple,
Muet dans ma donleur, ſenſible à nos revers,
Laiſſant pendre mon luth, laiſſant dormir les vers,
J'attends que la fortune, à la fin, de ſon temple
Me rende les ſentiers ouverts.
Mais ſi je vois que la cruelle
D'un caprice obſtiné me demeure infidelle,
Du fond de ſes tombeaux & des urnes des morts
Je n'entonnerai point la plaintive élégie,
Dont l'artifice & la magie,
Par ſes lamentables accords,
Verſant ſur les eſprits ſa triſte léthargie,
Les endort ſur ſes ſombres bords.
Ah ! plutôt ſur le ton de la vive alégreſſe
J'aimerois à monter mon luth ;
Suivre des ris la douce ivreſſe,
Aux plaiſirs payer mon tribut.
Qui ſe trouve au milieu de fleurs à peine écloſes,
Reſpirant leurs parfums, contemplant leurs attraits,
Choiſit l'œillet, les lis, les jaſmins & les roſes,
En ſe détournant des cyprès :

Tandis que ces rians objets
A moi se préfentent en foule,
Emporté d'un rapide cours,
Le temps s'enfuit, l'heure s'écoule,
Et m'approche déjà de la fin de mes jours:
Pourrai-je encor fur le Parnaffe
Me traînant fur les pas d'Horace,
Monter en étalant mes cheveux blanchiffans,
Quand neuf luftres complets dont me chargent les ans,
Me montrent la frivole audace
D'efforts déformais impuiffans ?
Les Mufes, on le fait, choififfent leurs amans.
Dans l'âge de la bagatelle;
Hélas ! j'ai paffé ce bon temps.
Si pourtant m'honorant d'une faveur nouvelle,
Calliope daignoit, en réchauffant mes fens,
M'infpirer par bonté des fons encor touchans !
Rempli des feux de l'immortelle,
Croyant mes beaux jours renaiffans,
Je chanterois vos agrémens,
Votre amitié tendre & fidelle,
Vos grâces, vos divers talens :
Par les accords de l'harmonie,
De l'émule de Polymnie
Je pourrois attirer les regards indulgens.
Trop promptement hélas ! de cet aimable fonge
Se diffipe l'illufion;
Déjà le réveil me replonge
Dans la trifte réflexion.
Qu'importe qu'une Mufe folle
M'égare par légéreté ?
Heureux, quand l'erreur nous confole
Des ennuis de la vérité !

ÉPITRE CHAGRINE.

Ici-bas tout est vanité :
Ce Roi sage & couvert de gloire,
Ce Roi des Hébreux tant vanté,
Salomon nous l'a répété :
Puisqu'il l'a dit, il faut l'en croire
Sur cette triste vérité.
Pour moi, qui n'ai point l'honneur d'être
Aussi savant que ce grand maître,
L'école de l'adversité
Me l'a malgré moi fait connoître.
J'ai tout vu, j'ai de tout goûté ;
La bonne & mauvaise fortune
M'ont souvent, à leur tour chacune,
Impertinemment balloté.
Las de la blonde & de la brune,
J'abandonne à de plus heureux
Ma place, qui sûrement tente
Les novices désirs de ceux,
Qui voyant sa face brillante,
N'ont pas vu son revers affreux.
Sur cette scène si mouvante
Où l'Europe nous représente
Ces bizarres événemens,
Où la cruelle politique,
Chauffant le cothurne tragique,
Se plaît à culbuter les grands ;
Acteur malgré moi dès long-temps,
Quelquefois, contre mon attente,

J'entendis la voix confolante
Des légers applaudiffemens.
A préfent de longs fifflemens
Dont mon oreille s'épouvante,
De toutes parts glacent mes fens.
Ah ! quittons, lorfqu'il en eft temps,
Ce théâtre qu'à tort l'on vante,
Et toute la troupe infolente
D'actrices, d'acteurs fans talens,
Race infame autant qu'ignorante,
Qui n'a raifon, efprit, ni fens.
Irai-je encor fur mes vieux ans
Flotter au gré de l'onde errante
Qu'agite le fouffle des vents,
Ou de la fortune inconftante
Gueufer les frivoles préfens ?
Toujours dans la cruelle attente
De fes dons ou de fes refus,
Sentir dans mon ame flottante
Le choc des mouvemens confus ?
Pourrai-je après l'expérience
De tant de malheurs fuperflus,
M'en retourner par imprudence,
Dans l'empire de l'inconftance,
Exilé de chez fes élus,
De la crainte & de l'efpérance
Éprouver le flux & reflux.
Non, non, il eft temps d'être fage,
Puifque la fortune m'outrage,
Suffit : je ne l'implore plus.
Que l'ame joyeufe & ravie,
La jeuneffe au front ceint de fleurs,

Ivre de plaifirs & d'erreurs,
Soit idolâtre de la vie,
Elle en écrème les douceurs.
Le charme paffe : elle eft fuivie
D'afflictions & de malheurs,
Et ce cercle qui fe répète,
Au mouvement de la navette
Mêlant le bien avec le mal,
Me rappelle cette coquette,
Dont l'efprit fans ceffe inégal,
Par un caprice de toilette,
Décidant de fon amourette,
Quitte l'amant pour fon rival.
Qu'elle aille donc offrir fes charmes
A quiconque en voudra jouir ;
Ni fes careffes, ni fes larmes,
N'ont plus le don de m'attendrir.
Mon œil dans l'avenir difcerne,
Sans le fecours de la lanterne
Dont Diogène fe para,
Tout ce que le deftin fera ;
Pourrai-je donc en fubalterne
Souffrir que l'infolent me berne
Auffi long-temps qu'il le pourra ?
Ah ! qu'il berne qui lui plaira,
Des fous que fans ceffe il gouverne,
Bien fin qui m'y ratrappera ;
Et s'il ne fe peut par la porte,
Par la fenêtre fauvons-nous.
Une ame généreufe & forte
Du moindre outrage entre en courroux.
Sans que l'amour-propre me flate,

Je vois sans pâlir les revers
Dont m'atteint la fortune ingrate,
Et las d'en avoir trop souffert,
L'exemple de plus d'un Socrate,
Pour descendre dans les enfers,
Me montre des chemins ouverts.
  Rempli des vapeurs de ma rate,
J'imite un amiral que mate
Un grand nombre d'autres vaisseaux;
Si-tôt que son navire éclate
D'un coup qui perce sous les flots,
Et qu'il voit le cruel pirate
Près d'assaillir ses matelots,
Pour se sauver de l'abordage,
Pour prévenir son esclavage,
L'officier courageux & fier
Se détermine, & fait résoudre
Ses soldats d'allumer la poudre :
Le vaisseau saute, & vole en l'air.
A Leipsick, ce 15 Octobre 1757.

ÉPITRE
AU
MARQUIS D'ARGENS.

AMI, le sort en est jeté ;
Las du destin qui m'importune,
Las de ployer dans l'infortune
Sous le poids de l'adversité,

J'accourcis le terme arrêté,
Que la nature, notre mère,
A mes jours remplis de misère
A daigné départir par prodigalité.
D'un cœur assuré, d'un œil ferme,
Je m'approche de l'heureux terme
Qui va me garantir contre les coups du sort.
Sans timidité, sans effort,
J'entreprends de couper, dans les mains de la Parque,
Le fil trop allongé de ses tardifs fuseaux ;
Et sûr de l'appui d'Atropos,
Je vais m'élancer dans la barque,
Où sans distinction le berger, le monarque,
Passent dans le séjour de l'éternel repos.
Adieu, lauriers trompeurs, couronnes des héros !
Il en coûte trop cher pour vivre dans l'histoire ;
Souvent quarante ans de travaux
Ne valent qu'un instant de gloire,
Et la haine de cent rivaux.
Adieu, grandeurs ; adieu, chimères ;
De vos bluettes passagères
Mes yeux ne sont plus éblouis :
Si votre faux éclat dans ma naissante aurore
Fit trop imprudemment éclore
Des désirs indiscrets, long-temps évanouis ;
Au sein de la philosophie,
École de la vérité,
Zénon me détrompa de la frivolité
Qui fait l'illusion du songe de la vie,
Et je sus avec modestie
Rejeter les poisons qu'offre la vanité.
Adieu, divine volupté ;

Adieu, plaisirs charmans, qui flattez la mollesse,
    Et dont la troupe enchanteresse
Par des liens de fleurs enchaînant la gaîté,
    Compagnes dans notre jeunesse
    De la brillante puberté,
Qui fuyez de nos ans l'insipide vieillesse,
Les arides glaçons de la caducité.
    Ah! que l'Amour me le pardonne,
    Plaisirs, si je vous abandonne.
    (Ma Muse ne sait point flatter.)
Quand neuf lustres complets m'annoncent mon automne,
Plaisirs, je vous voyois tous prêts à me quitter.
Mais que fais-je, grand Dieu! courbé sous la tristesse,
Est-ce à moi de nommer les plaisirs, l'alégresse?
    Et sous les griffes du vautour,
    Voit-on la tendre Philomèle,
    Ou la plaintive tourterelle,
    Chanter ou soupirer d'amour?
Depuis long-temps pour moi l'astre de la lumière
N'éclaira que des jours signalés par nos maux;
Depuis long-temps Morphée, avare de pavots,
N'en daigna plus jeter sur ma triste paupière.
Je disois au matin, les yeux chargés de pleurs,
    Le jour qui dans peu va renaître,
    M'annonce de nouveaux malheurs :
Je disois à la nuit, ton ombre va paroître
    Pour éterniser mes douleurs.
Lassé de voir toujours la scène injurieuse
    D'un concours de calamités,
Des coupables mortels, la rage audacieuse,
Décharger contre moi leur haine furieuse,

Et les traits dangereux de leurs iniquités ;
J'espérois que du temps le tardif bénéfice
Feroit renaître enfin un destin plus propice,
  Que les cieux long-temps obscurcis,
  Livrés aux ténébreux ravages
  Des aquilons & des orages,
  Seroient à la fin éclaircis
Par l'astre lumineux, qui perçant les nuages,
De ses rayons brillans dorant les paysages,
Rameneroit des jours par ses feux radoucis.
Je me trompois, hélas ! tout accroît mes soucis.
La mer mugit : l'éclair brillant dans la tempête,
Le tonnerre en éclats va fondre sur ma tête ;
Environné d'écueils, couvert de mes débris,
A l'aspect des dangers qui par-tout me menacent,
  Les cœurs des pilotes se glacent,
Ils cherchent, mais en vain, un port ou des abris.
Du bonheur de l'État la source s'est tarie ;
La palme a disparu, les lauriers sont fanés.
Mon ame de soupirs & de larmes nourrie,
  De tant de pertes attendrie,
Pourra-t-elle survivre aux jours infortunés
Qui sont près d'éclairer la fin de ma patrie ?
Devoirs jadis sacrés, désormais superflus !
Défenseur de l'État, mon bras ne peut donc plus
  Venger son nom, venger sa gloire,
  En perpétuant la mémoire
  De nos ennemis confondus ?
Nos héros sont détruits, nos triomphes perdus :
  Par le nombre, par la puissance,
  Accablés, à demi vaincus,

Nous perdons jufqu'à l'efpérance
De relever jamais nos temples abattus.
Vous, de la liberté, héros que je révère,
O mânes de Caton ! ô mânes de Brutus !
  C'eft votre exemple qui m'éclaire
  Parmi l'erreur & les abus;
  C'eft votre flambeau funéraire
Qui m'inftruit du chemin, peu connu du vulgaire,
Qu'ont aux mortels tracé vos antiques vertus.
Tes fimples citoyens, Rome, en des temps fublimes
  Étoient-ils donc plus magnanimes
  Qu'en ce fiècle les plus grands rois ?
Il en eft encore un qui jaloux de fes droits,
Fermement réfolu à vivre & mourir libre,
De lâches préjugés ofant braver les loix,
  Imite les vertus du Tibre.
Ah ! pour qui doit ramper, abattu fans efpoir,
  Sous le tyrannique pouvoir
  De nouveaux monftres politiques,
De triumvirs ingrats, fuperbes, defpotiques,
Vivre devient un crime & mourir un devoir.
Le trépas, croyez-moi, n'a rien d'épouvantable;
Ce n'eft pas ce fquelette au regard effroyable,
Ce fpectre redouté des timides humains;
  C'eft un afile favorable,
  Qui d'un naufrage inévitable
  Sauva les plus grands des Romains.
J'écarte ces Romains, & ces pompeux fantômes
Qu'engendra de fes flancs la fuperftition,
Et pour approfondir la nature des hommes,
Je ne m'adreffe point à la dévotion.
  J'apprends de mon maître Épicure,
  Que du temps, la cruelle injure

Diffout les êtres compofés ;
Que ce fouffle, cette étincelle,
Ce feu vivifiant des corps organifés,
N'eft point de nature immortelle ;
Il naît avec le corps, s'accroît dans les enfans,
Souffre de la douleur cruelle ;
Il s'égare, il s'éclipfe, il baiffe avec les ans ;
Sans doute il périra quand la nuit éternelle
Viendra pour nous voiler l'empire des vivans.
Je vois quand l'ame eft éclipfée,
Qu'il n'eft plus hors des fens mémoire, ni penfée,
Et que l'inftant qui fuit la mort,
Se trouve en un parfait rapport
Avec le temps dont l'exiftence
A précédé notre naiffance.
Ainfi par un ancien accord,
Tout homme eft obligé de rendre
Au fein des divers élémens
Ces principes moteurs, invifibles agens,
Que la nature avoit fu prendre
Pour former la texture & le jeu de nos fens.
Tout difparoît enfin de ce fonge bizarre :
Mégère, Tifiphone, & le fombre Tartare,
La vérité détruit ces fantômes favans.
Lieux que la vengeance prépare,
Vous êtes vides d'habitans.
Ainfi donc, cher ami, d'avance je m'attends
Que ton efprit un peu profane
Ne prendra pas le ton des myftiques pédans,
Dont la rigidité condamne
Tous fentimens hardis, des leurs trop différens.
Je ne m'étonne point, d'Argens,

Que ta sagesse aime la vie ;
Enfant des arts & d'Uranie,
Bercé par la douceur des chants
Des Grâces, & de Polymnie,
Sybarite tranquille, abreuvé d'ambroisie,
Tes destins sont égaux, tes désirs sont contens.
   Ainsi, sans crainte & sans envie,
   Sans chagrins, noirceurs, ni tourmens,
   Ta prudente philosophie
   Trouve dans ces amusemens
   Que ton goût sagement varie,
   Avec ta moitié tant chérie,
   Sur le trône des agrémens,
   Couvert des ailes du génie,
   Le paradis des fainéans.
Pour moi, que le torrent des grands événemens
   Entraîne en sa course orageuse,
   Je suis l'impulsion fâcheuse
   De ses rapides mouvemens :
Vaincu, persécuté, fugitif dans le monde,
   Trahi par des amis pervers,
   J'éprouve en ma douleur profonde,
   Plus de maux dans cet univers,
Que dans la fiction, dont la Fable est féconde,
N'en a souffert jamais Prométhée aux enfers.
   Ainsi, pour terminer mes peines,
Comme ces malheureux au fond de leurs cachots,
Las d'un destin barbare, & trompant leurs bourreaux,
   D'un noble effort brisent leurs chaînes,
   Sans m'embarrasser des moyens,
   Je romps les funestes liens
   Dont la subtile & fine trame

A ce corps rongé de chagrins
Trop long-temps attacha mon ame.
Adieu, d'Argens; dans ce tableau
De mon trépas tu vois la cauſe :
Au moins ne penſe pas du néant du caveau
 Que j'aſpire à l'apothéoſe.
Tout ce que l'amitié par ces vers te propoſe,
C'eſt que tant qu'ici-bas le céleſte flambeau
Éclairera tes jours, tandis que je repoſe,
Et lorſque le printemps paroiſſant de nouveau,
De ſon ſein abondant t'offre les fleurs écloſes,
Chaque fois d'un bouquet de myrthes & de roſes,
 Tu daignes parer mon tombeau !

A Erfort, ce 23 de Septembre 1757.

VERS

D'un Poëte natif de Faillenboſtel, ſur l'invaſion des François dans l'Electorat de Hanovre en 1757 ; en Jérémiade, ſur le traité de Cloſter-Seven.

O SUJET accablant de ma ſenſible plainte !
 On profane la terre ſainte :
Des loups ont pénétré dans le ſacré bercail ;
Leurs ſanguinaires dents dévorent le bétail,
 Qui bêlant & tranſi de crainte,
 Des barbares tyrans des bois
 A ſenti la cruelle atteinte.
Nos jours ſont abreuvés d'amertume & d'abſinthe ;
Je languis dans les fers, je gémis ſous les loix

De nos usurpateurs gaulois.
D'un esclavage affreux détestant la contrainte,
J'ose à peine élever ma trop craintive voix.
O mon Roi! mon Nestor! faut-il que ta paupière
Demeure aussi long-temps ouverte à la lumière,
Pour voir sur le déclin de tes exploits brillans,
Lorsque tu vas toucher au bout de ta carrière,
  L'orgueil des François insolens
   T'attaquer en rang de banière;
Et plus déterminés encor que les Titans,
Affronter du Véser la puissante barrière?
Hanovre, triste objet de ma vive douleur,
   Jadis objet de la terreur
    De ces François que je déteste;
    Hélas! par quel destin funeste,
   Es-tu livrée à leur fureur?
Tout le peuple éploré crie, ô cité céleste!
Ta gloire est donc passée à ton usurpateur!
Expions nos péchés sous le sac & la cendre.
Les rochers les plus durs à Goslar vont se fendre
Au récit inouï d'un si cruel malheur.
Des badauds indiscrets, des ravisseurs, des pestes
   Portent dans le sein de nos murs,
La profanation de leurs désirs impurs,
   Et le viol & les incestes.
Maîtresses de nos rois, beautés toujours modestes,
   Hélas! quel dangereux écueil
Pour les prudes vertus que vous fîtes paroître!
   Languissantes dans un fauteuil,
   Entre les bras des petits-maîtres;
Je vois rougir vos fronts, & pâlir votre orgueil,
   Des monstres qui de vous vont naître.
Et toi, Stade, l'asile où notre Salomon

Plaça son tabernacle & son sacré mammon,
Hélas! mes tristes yeux verront-ils tes guinées,
Par des brigands François à Paris amenées,
  Au successeur de Pharamond,
Et par la Pompadour peut-être profanées ?
Lève-toi, Cumberland, & venge notre affront ;
  De ton père saisis la foudre,
  Tonne, frappe & réduis en poudre
Ce d'Étrée ennemi de ton illustre nom.
Munchhausen & Steinberg, enfans de la victoire,
T'excitent à venger l'honneur de ta maison.
  De l'un d'eux saisis la mâchoire,
  Et, tel qu'on nous dépeint Samson,
  Frappe les Philistins, & rétablis ta gloire,
  Que te ravit un rodomont.
  Extermine, détruis.... mais non....
  L'Éternel hait la violence ;
Il fait fortifier la foiblesse & l'enfance,
Et confond à son gré la superbe raison.
  Sa sagesse immense & profonde
T'ordonne d'épargner le plus beau sang du monde,
Le sang hanovrien en héros si fécond.
L'Elbe alloit t'engloutir dans le fond de son onde ;
Cumberland périssoit, ainsi que Pharaon :
L'insolent ennemi de ma triste patrie
Vainement écumoit de rage & de furie,
Et juroit d'abîmer Cumberland dans les mers.
Ta main signa deux mots, ô prodige! ô magie!
La discorde paroît replongée aux enfers ;
Et ce fier Richelieu, prôné par tant de vers,
  Tout-à-coup tombe en léthargie.
Tel le céleste agent du Dieu de l'univers,

Perçant d'un vol hardi l'immensité des airs,
Maître des élémens, souverain d'Amphitrite,
D'un mot calme les flots, & d'un mot les irrite ;
Tel parut Cumberland, cet invincible duc,
Qui fentant fes guerriers mal-adroits à la nage,
Par ce fameux traité leur fauva le naufrage.
Ah ! fi de Jérémie ou du divin Baruc
Je pouvois entonner les fublimes cantiques,
Je publîrois fa gloire & fes faits héroïques,
  De Buxtehude à Copenbruc ;
Je vous le montrerois brillant dans fa carrière,
  Toujours manœuvrant en arrière,
Évitant avec foin fur-tout de fe noyer ;
  Dans le tumulte militaire
  Toujours doux, clément, débonnaire ;
Homicide ne fut, quoiqu'excellént guerrier.
  Je pourrois encor publier,
Qu'il nous vit tous ronger des François comme un chancre,
Aimant mieux, du haut faîte où l'élevoit fon rang,
Répandre en beaux traités tout un déluge d'encre,
Que de verfer pour nous une goutte de fang.
Fait à Rothe, le 4 Octobre 1757.

CONGÉ

De l'armée des Cercles & des Tonneliers.

Adieu, grands écrafeurs de rois,
Grands héros bouffis d'arrogance,
Délégués de ce Roi de France
Qui croit m'affervir fous fes loix.

Adieu, Turpin, Broglio, Soubife,
Et toi, Saxon (*), dont les exploits
Sont couronnés par la Sottife ;
Auffi fou, quoiqu'à barbe grife,
Que tu le parus autrefois
Près du Timock qui t'éternife.

Je vous ai vu comme * * *,
Dans des ronces en certain lieu,
Eut l'honneur de * * * * ;
Ou comme au gré de fa luxure
Le bon Nicomède à l'écart,
Aiguillonnoit fa flamme impure
Des * * * *.

Ah ! quel fpectacle a plus de charmes,
Que le C * dodu des héros,
Lorfque par le pouvoir des armes,
On leur a fait tourner le dos :
Les voir ainfi dans les alarmes,
C'eft s'affurer dans l'avenir
D'un nom que rien ne peut ternir.

Je vous l'avoue en confidence,
Qu'après ma longue décadence
Ce beau laurier, de ce taillis
Qu'à votre afpect je recueillis,
Je le dois à votre derrière,
A votre manœuvre en arrière :
Ah ! tant que le fort clandeftin

―――――――――――――――――――
(*) Le prince de Saxe Hildbourghaufen, battu en Hongrie
au bord du Temock.

Vous placera dans ma carrière,
Tournez-moi toujours la visière,
Pour le bonheur du genre humain.

C'est donc là, qui pourroit le croire,
Sur quoi nous fondons notre gloire ?
Et voir un C* mal-aguerri
S'appelle en langage fleuri
Dont on pomponne mainte histoire,
Être l'amant le plus chéri
De Bellone & de la Victoire,
Et du dieu Mars le favori.

O Fortune inconstante & folle !
Tu veux que dans tous les climats,
D'un C* le mouvement frivole
Décide du sort des États.
S'il se tourne sans qu'on l'ordonne,
Dans l'acharnement des combats,
La victoire nous abandonne,
Et la sanguinaire Bellone,
En profitant de ces momens,
Du plus inébranlable trône
Bouleverse les fondemens.

Si j'osois, Dieu me le pardonne,
Rimer en *on*, tout comme en *u*,
Jamais poëte dans le monde,
Depuis Homère, n'auroit eu
Une matière plus féconde :
Mais la décence & la vertu
Toujours aux muses départie,

Dont mon ſtyle c'eſt revêtu,
Veut même que dans l'impromptu,
Je reſpecte la modeſtie.

Laiſſons donc l'*u* tout comme l'*on*;
Et ſur des rimes moins cyniques,
De tous ces tonneliers (*) comiques
Prenons congé ſur l'Hélicon.

Partez tous, héros éphémères,
Héros muſqués & ſi polis;
Dans vos quartiers enſevelis,
Allez vous bercer des chimères,
D'exploits ſi galans, ſi jolis.
Pompadouriques coryphées,
Érigez-vous de beaux trophées;
Mais que ce ſoit en d'autres lieux.
Ou, ſi perſiſtant dans vos haines,
Toujours joints à mes envieux,
Vous revenez dans ces arènes,
J'attends de vos ſoins gracieux
Toujours de ſemblables étrennes (**).

C'eſt ainſi, fameux capitaines,
Qu'en quittant ces bords périlleux,
Ces camps & ces fertiles plaines,
Je vous fais mes derniers adieux.

A Freybourg, le 6 Novembre 1757.

(*) On appelloit les François tonneliers, parce qu'ils avoient avec eux les troupes des cercles.

(**) Ils avoient dit qu'ils vouloient donner des étrennes au Roi de Pruſſe.

CONGÉ

*De l'Armée Impériale & du Maréchal Daun,
après la bataille de Lissa.*

Partez, l'occasion est bonne,
Grand Général de l'Empereur ;
Pour prouver que je vous pardonne,
Je vous fais mon Ambassadeur
Chez les robins de Ratisbonne.
Pressez-vous donc, & portez-leur
Ma réponse en propre personne,
Et rendez à ce tribunal,
Attesté sur l'original,
Au président, à chaque membre,
Sans qu'aucun puisse être déçu,
Tout ce que vous avez reçu
A Lissa le cinq de Décembre.
 Quel beau jour pour le sieur Anis,
Fiscal du germanique Empire,
Lui qui sous l'ombre de Thémis
Se pavanoit de me proscrire,
Lorsque vous aurez pu l'instruire
De ce qu'à vos soins j'ai commis!
Ensuite, de vos pas le maître,
Courez à Vienne, & faites naître
Grand nombre de nouveaux projets
Pour conquérir la Siléfie,
Et pour ruiner mes sujets.
Vous pouvez sur tous ces objets
Contenter votre fantaisie,

Étudier tout cet hiver,
Dirigé par le vieux Neuper.
　Mais quand la faifon radoucie
Des frimats purifiera l'air,
Que des champs la fuperficie
Se couvrira d'un duvet verd ;
Alors, comme un nouvel Achille,
Retournez dans mon domicile,
Tout auffi vain, tout auffi fier,
Avec tout cet amas agile
De canons dont on compte mille,
Avec vos princes du bel air,
Et vos pandours armés de fer.
Ce canton en combats fertile
Vous reftera toujours ouvert.
Étudiez bien votre thême :
N'oubliez pas, pour le retour,
Des chemins qui vont en Bohême,
De vous ménager le plus court.
A ce prix, après le carême
Revenez, à condition,
Qu'en obtenant permiffion,
Nous prenions congé tout de même.

A Durgau, le 8 Décembre 1737.

AU SIEUR GELLERT.

Le Ciel, en difpenfant fes dons,
Ne les prodigua point d'une main libérale,
Il nous refufe plus que nous ne recevons :
Pour tout peuple, à peu près fa faveur eft égale.

Les François font gentils, les Anglois font profonds;
Mais s'il dénie à l'un ce qu'il accorde à l'autre,
Notre orgueil fait changer en roses nos chardons ;
Au talent du voisin nous préférons le nôtre.
    A Sparte régnoit la valeur ;
Mars se plut d'y former de fameux capitaines,
    Tandis que la molle douceur
Des beaux-arts enchanteurs respiroit dans Athènes.
    De Sparte nos vaillans Germains
    Ont hérité l'antique gloire ;
Combien de grands exploits ont rempli leur histoire !
    Mais s'ils ont trouvé les chemins
    Qui vont au temple de mémoire,
    Les fleurs se fanent en leurs mains
    Dont ils couronnent la victoire.
    C'est à toi, Cygne des Saxons,
D'arracher ce secret à la nature avare ;
D'adoucir dans tes chants, d'une langue barbare
    Les durs & détestables sons.
Ajoute par les vers que ta Muse prépare,
    (Sur les pas du divin Maron)
Aux palmes des vainqueurs dont le Germain se pare,
    Les plus beaux lauriers d'Apollon.

ÉPITRE A PHYLLIS,

Faite pour l'usage d'un Suisse.

Un certain Dieu qu'on adore à Cythère
M'avoit, Phyllis, engagé sous vos loix ;
Je soupirois, je me flattois de plaire,
Et mon bonheur passoit celui des rois,

Lorfqu'un démon au regard fanguinaire,
Démon cruel qui fème le trépas,
Au fein affreux des fureurs de la guerre,
M'entraîna loin de vos divins appas.

Hélas ! Phyllis, quelle eft la différence
Du fort heureux & de la jouiffance
Qu'un tendre amour m'offroit entre vos bras,
Au fort affreux qu'à préfent votre abfence
Me fait trouver ici dans la licence·
D'un camp où Mars remplit tout de fracas.
Je vois ici la brillante Victoire
Mener gaîment dans l'horreur des combats,
Cent jeunes fous, que Mars de ces climats
S'en va dans peu plonger dans la nuit noire.
Hélas ! Phyllis, tout ce peuple d'ingrats,
Du tendre amour a préféré la gloire.

Que vois-je encor ? de rapides repas,
Remplis d'ennui, fans qu'un mot d'alégreffe
Ofe égayer le front de la fageffe.
Pour s'efcrimer on engloutit les plats :
Tels font mes jours, mes ennuis, ma détreffe.
Ah ! qu'ils font loin de la délicateffe,
Et des plaifirs qui naiffent fur les pas
De mon aimable & charmante maîtreffe !
Quand même ici parmi tous ces foldats
On donneroit des banquets d'Épicure,
Où prodiguant les dons de la nature
On ferviroit des piles d'ananas,
Sans ma Phyllis, dont je fais tant de cas,
Ce luxe exquis & tout ce qu'il procure,
Non, par l'Amour, ne me toucheroit pas.

Pour achever cette noble peinture,

Sachez qu'ici l'on couche fur la dure ;
Point de repos, l'on trotte nuit & jour.

Au-lieu de voir ces beaux yeux d'où l'amour
Lance le trait dont je fens la bleffure,
Je vois des yeux avides de capture,
Au regard dur, & dont le maintien fier
Paroît peu fait à fupporter l'injure,
Mais bien plutôt, felon la conjoncture,
A défier & Thérèfe & l'enfer.
Quand tout ému mon cœur fe repréfente
Le beau corail d'une lèvre charmante
Qui m'invitoit à des baifers ardens,
Voilà-t-il pas, dans un gros d'infolens,
De vieux foudards retrouffant leur mouftache,
Dont le petun tient lieu d'odeur, d'encens.
Tout auffi-tôt de ces lieux je m'arrache,
Et dépité, plein d'horreur pour les camps,
De mon amour la bleffure rouverte,
Me renouvelle à chaque inftant la perte
De vos appas & de vos agrémens.

Ainfi Vénus punit un cœur volage,
Qui fans raifon imprudemment s'engage
Chez la Fortune, au camp, dans les hafards,
Fuit de Cythère, & porte fon hommage,
Malgré l'Amour, à l'homicide Mars.
Ainfi fouvent, fans qu'il fe le propofe,
Suivant l'inftinct d'une inconftante ardeur,
Le papillon s'envole de la rofe,
Et voltigeant fans fin de fleur en fleur,
Sur un muguet l'infenfé fe repofe,
Et par dépit en fuce la liqueur.

Je crois, Phyllis, à la métempfycofe ;

Et votre amant trop léger & mutin,
En s'éloignant de vos attraits, sans cause ;
Du papillon a subi le destin.
Si toutefois un repentir sincère
Pouvoit, Phyllis, fléchir votre colère ;
Si j'espérois qu'un être tout divin
Ne souffrît pas qu'on l'implorât en vain ;
Je jurerois que fidèle & plus tendre,
Et dégoûté de Bellone & de Mars,
Que pour jamais je renonce à prétendre
Aux verds lauriers d'Eugène ou d'Alexandre ;
Pour mériter un seul de vos regards.

AUX ÉCRASEURS.

Monsieur de Soubise avoit écrit en France, lorsqu'il marchoit à Rosbach, qu'il alloit cueillir un bouquet pour la Dauphine : la pièce roule sur ce bouquet.

A Quoi pensiez-vous donc, Soubise,
Et tous vos jeunes freluquets ?
Héros, par quelle balourdise
Vouliez-vous cueillir des bouquets
En Saxe, quand le vent de bise
Souffle & balaye les guérets ?

Il gèle ; fourrez-vous d'hermine ;
Dans la Saxe il n'est plus de fleurs ;
Vous savez, fameux écraseurs,
Que Flore, selon sa routine,

Ne règne plus lorſque domine
Le vent du nord, dont les rigueurs,
Des hivers font les précurſeurs.
 Jugez combien peu ſe combine
Ce bouquet pour votre Dauphine,
Avec tous nos fleuves glacés.
C'eſt beaucoup ſi vous amaſſez
De quoi la couronner d'épine;
Cette offrande, quoique mefquine,
Ces chardons par vous enlacés,
Enchanteront cette héroïne,
Ébahiront la Pompadour;
Et le bien-aimé tout de même,
Long-temps aſſoupi par l'amour,
Bénira ſon nouveau ſyſtême
Et ſon moderne Luxembourg :
Le héros, répète ſa cour,
Eſt digne du grand Roi qui l'aime.
Par-tout vos inſignes exploits,
Votre deſſein ſe développe;
Louis, cet écraſeur de rois,
Devient l'arbitre de l'Europe.
 Ah ! ſi j'avois l'art & la voix
Du ſimple & naïf la Fontaine,
Je chanterois, comme je dois,
Ce Monarque allié de Vienne,
Dont vos François ſuivent les loix.
Mais des chants, faits pour des ruelles,
N'effleurent que des bagatelles.
Ce grand Roi doit ſe contenter,
Je vous le conſeſſe ſans feindre,
Du fameux Oudry pour le peindre,
Et d'Éſope pour le chanter.
A Breſlau, ce 20 Décembre 1757.

ÉPITRE

A MA SŒUR DE BAREUTH.

Enfin, chère fœur, je refpire,
Et ne refpire que pour vous ;
Le fort eſt las de fon courroux,
La Fortune vient de me rire.
Ces fiers Autrichiens de nos deſtins jaloux,
Dans les champs de Liffa diffous,
D'un triomphe idéal ont perdu le délire,
Et vont dans la Bohème oublier leurs dégoûts.
Recevez de mon cœur cette offrande futile,
La feule qu'à vos pieds je puis mettre aujourd'hui.
O mon efpoir ! ô mon afile !
Ma divinité, mon appui !
C'eſt vous dont l'amitié fi ferme & fi durable
Me tendit un bras fecourable,
Lorfque nos combattans paroiffoient terraffés,
Et d'un empire formidable,
Les fondemens bouleverfés.
Mes parens, mes amis, timides & glacés,
M'abandonnoient déjà dans ce péril extrême ;
Le feul qui me reſtât, ma fœur, ce fut vous-même :
Fort de cet appui précieux,
Je ne redoutois plus le fort injurieux.
O célefte amitié ! divine & pure flamme !
Suprême bien d'une belle ame,
Dont la main avare des Dieux
Daigne fi rarement favorifer la terre !
Faut-il la voir livrée en proie aux envieux,

Aux

Aux fureurs de la haine, aux flambeaux de la guerre?
Ah! faut-il voir d'ingrats un corps affocié,
Monarques arrogans du bruit de leur tonnerre,
Fermer leur cœur d'airain aux cris de la pitié;
Et l'intérêt avide, étincelant de rage,
Convertir l'univers, à lui facrifié,
En théâtre fanglant de meurtre & de carnage,
Où la deftruction naît de l'inimitié?
Dans l'exécrable cours de ces mœurs infernales,
  Parmi ces horribles fcandales,
Votre cœur conferva, quoiqu'il fut épié,
  Le feu facré de l'amitié,
Ce feu cent fois plus pur que celui des Veftales.
  En vain les mortels corrompus,
De l'infidélité vous ont tracé l'exemple;
Leurs perfides regards, honteux & confondus,
Sont forcés d'avouer que votre ame eft le temple,
Le refuge facré des antiques vertus.
  C'eft vous qui rendez véritable
  Tout ce qu'a rapporté la Fable
D'Orefte, de Pylade & du tendre Nifus.
  Si j'avois le pinceau d'Apelle,
  Je peindrois votre cœur fidèle,
  Et la conftance & la ferveur
  Dont, ô mon adorable fœur!
Vous avez combattu ma fortune cruelle.
Voyez, parens ingrats, quelle eft votre noirceur!
  Comparez-vous à ce modèle,
  Vous tous, qui pour votre malheur
Ne fentîtes jamais fi vous aviez un cœur:
  Que cet exemple vous rappelle
  Tout le fublime & la grandeur

Tome I.   P

De la tendresse fraternelle.

Ah ! mon auguste sœur, pour chanter votre nom,
 Je laisse aux eaux de l'Hipocrène
Les soins de ranimer une vulgaire veine,
 Et les Muses de l'Hélicon
 Ne sont pas les dieux que j'invoque.
 Plein d'une amitié réciproque,
 Mon cœur me tient lieu d'Apollon ;
 Pour exprimer comme il vous aime,
 Pour s'ouvrir ou se dévoiler,
Le sentiment suffit, il se peint de lui-même,
 Et c'est à lui seul de parler.
Éclatez, doux transports de ma reconnoissance ;
 Portez au bout de l'univers
Le récit des complots de tant de rois pervers
 Qui préparoient ma décadence,
 Et le récit de la constance
D'une sœur, qui pendant mes plus affreux revers
De tous mes ennemis a bravé la puissance,
 Et voulut par persévérance
Partager avec moi le triomphe, ou les fers.
Publiez ses vertus au delà des déserts
 Où le Guèbre à genoux adore
 Les rayons naissans de l'aurore,
 Les portant au delà des mers
 Où Neptune étend son empire,
Jusqu'aux lointains climats où le soleil expire ;
Et que d'un pôle à l'autre on entende en tous lieux
Qu'un mérite aussi grand, si digne qu'on l'admire,
 L'élève jusqu'au rang des Dieux.
Ces sentimens, ma sœur, avec des traits de flamme,
 Sont gravés au fond de mon ame :

Vainqueurs de l'abfence & du temps,
Ils feront fermes & conftans,
Jufqu'au terme fatal, où vers la trifte rive,
Caron tranfportera mon ame fugitive
Dans le fombre féjour où l'univers s'enfouit,
Où nos projets, nos vœux, l'amitié la plus vive,
Nos peines, nos plaifirs, où tout s'évanouit.

A Striegau, le 28 Décembre 1757.

AU MARQUIS D'ARGENS,

Que la peur des ennemis avoit déterminé à quitter Berlin.

1758

Restez, Marquis, dans cet afile
Où mes Pénates & mes Dieux
Protégent le féjour tranquille
Que j'héritai de mes aïeux,
Sans crainte que dans d'autres lieux
Le Ruffe infolent vous exile.
Envoyez pour vous à Paris,
De Mons', affronter la chicane,
Y recueillir tous les débris
De ces biens qu'un père en foutane
Vous ôta, pour plaire à Fleuris,
Dont votre jeuneffe profane,
Livrée au tendre amour, aux ris,
Jadis ne connut pas le prix.
Puiffe toute la pharmacie
Vous fournir de puiffans fecours,
Pour allonger de votre vie

L'agréable & fortuné cours !
　Mais, cher Marquis, fans vous déplaire,
Je crois, en dépit du docteur,
Que ce n'eft point l'apothicaire
Qui peut nous vendre le bonheur.
Un efprit libre de frayeur
Que la philofophie éclaire,
Peut, nonobftant fon méfentère,
Et foie, & rate, avec tumeur,
Un fquirre, un cancer, un cautère,
Triompher des maux qu'il refferre,
Par le fonds de fa belle humeur.
　Quoi ! dans ces lieux remplis d'alarmes,
Le guerrier boit, s'amufe & rit ;
Ni la mort, ni le bruit des armes
Ne fauroient émouffer les charmes
Du plaifir qui fe reproduit :
Et vous pourriez vous en défendre,
Vous, qui libre de tous les foins,
N'avez point de remparts à prendre ?
Vous, qui fans travaux, fans befoins,
Chaque nuit pouvez vous entendre
Avec Babet, & fans témoins ?..
Ah ! tandis que moi miférable,
En Dom Quichotte véritable,
Je cours les grands événemens,
En donnant chaque jour au diable
Les triumvirs impertinens ;
De votre fort plus favorable
Puifliez-vous jouir fort long-temps !

　　En Août de 1758, vers le temps de la bataille de Zorndorf, au fiège d'Olmutz, à Klein Laten.

ÉPITRE
A MA SŒUR DE BAREUTH,
Sur sa maladie.

CHÈRE sœur, de tout temps l'homme peu raisonnable
Languit stupidement sous le joug de ses sens.
Le tonnerre gronda, la crainte formidable
Érigea les autels, alluma son encens :
Le grand, le merveilleux lui parut adorable,
Sa peur lui fit des dieux de tous les élémens ;
L'on consacra des bois au culte des Furies,
Sous le nom d'Amphitrite on adora les mers,
L'éther devint Saturne, & tant d'idolâtries
Dûrent leur origine aux terreurs des enfers.
   Ceux que l'ambition embrâsa de sa rage,
Heureux triomphateurs, tyrans de leurs égaux,
Brillans par leurs exploits, brillans par leur courage,
Jouirent des honneurs destinés aux héros.
Dès-lors l'apothéose eut des routes aisées :
Le ciel tout étonné de ces cultes nouveaux,
Fut peuplé de mortels, de plantes, d'animaux ;
Et si quelques vertus furent divinisées,
Les vices à leur tour trouvèrent leurs dévots.
   Mais parmi tant de dieux que s'étoit forgés l'homme,
Auxquels sa folle erreur avoit sacrifié,
L'encens ne fuma point dans Athènes, ni Rome
Pour le premier de tous, le dieu de l'Amitié,
Seul être, s'il en fut, qui méritât des temples ;
Tant le vulgaire foible, & fait pour s'égarer,

Confond ce qu'il doit craindre-ou qu'il doit adorer.
Sans doute l'univers manquoit de grands exemples :
Le fidèle Euryale & le tendre Nifus,
  Et Théfée & Pirithoüs,
Leurs héroïques faits, leurs faftes refpectables,
  N'étoient que des anciennes fables.
  Pour donner du luftre aux vertus,
  Il faut des héros véritables,
  Et des exemples plus connus.
Vous, ma divine fœur, que j'honore & révère,
Dont mon orgueil féduit fe vante d'être frère,
Si Delphes, fi Colchos, en des temps fortunés,
Avoient pu rencontrer dans leurs murs étonnés
Un cœur comme le vôtre, une vertu fi rare ;
Les temples, les autels de feftons couronnés,
Le peuple, le pontife, à vos pieds profternés,
La victime tombant fous un glaive barbare,
Tout vous eût affuré l'hommage des mortels.
  Leur amour, leur reconnoiffance,
Du prix de l'amitié connoiffant l'excellence,
Vous auroient fous fon nom confacré des autels.
Qui fentit mieux que moi fa bénigne influence ?
Dans mes jours fortunés & dans ma décadence
Vous goûtiez mon bonheur, vous pleuriez mes revers.
Ah ! pourrai-je oublier cette amitié conftante,
Senfible, courageufe, & toujours agiffante,
Et qui fut compenfer les maux que j'ai foufferts ?
  Lorfque ma fortune expirante
  Offroit ma dépouille fanglante
Aux tigres, de carnage & de fang affamés ;
Lorfque mon propre fang, rebelle à la nature,
Dans ces jours défaftreux & de malheurs femés,
Joignit les triumvirs, pour aigrir ma bleffure ;

Lorsque j'étois enfin, proscrit, infortuné,
    De tout secours abandonné,
O vous, mon seul refuge ! ô mon port, mon asile !
Votre amitié calmoit ma douleur indocile,
J'oubliois dans vos bras mes oppresseurs altiers,
Mon cœur dans votre sein épanchoit ses complaintes ;
Votre tendre pitié partageant mes revers,
Dissipoit par un mot mes mortelles atteintes,
Et fort de vos vertus, je bravois l'univers.
A combien de dangers votre ame généreuse
    S'exposa pour me secourir,
    Moi, qui préférois de périr
    A l'image trop douloureuse
Des maux que je craignois de vous faire souffrir !
    Jamais on ne vit de modèle
    D'une tendresse aussi fidelle
    Que celle que vous m'accordez :
    Si la vertu rend immortelle,
    Ses lauriers vous sont destinés.
Qu'un cœur pétri de boue, ame vile & commune,
Fermée au sentiment, insensible à l'honneur,
    Place le souverain bonheur
A posséder ces biens, jouets de la fortune,
Recherchés, poursuivis avec trop de chaleur,
Et dont la jouissance est toujours importune ;
    Pour qui possède votre cœur,
    Espoir sur lequel je me fonde,
    Le doit préférer, chère sœur,
    A tous les trésors de ce monde.
Si ces ambitieux, ces superbes esprits
Qui trament ma ruine & poursuivent ma vie,
Pouvoient de ce grand cœur connoître tout le prix,

Mon trône cesseroit d'attirer leur envie,
Ils ne combattroient plus, ils ne seroient jaloux
Que du bonheur que j'ai d'être chéri de vous.
Mais quel trouble soudain me coupe la parole ?
  Tandis qu'une image frivole
  Me rappelle mes jours sereins,
  Quand, pour adoucir mes chagrins,
  Votre souvenir me console,
  Des cris lugubres & perçans
Me font frémir d'effroi, me glacent tous les sens.
Mes yeux chargés de pleurs se couvrent de ténèbres ;
Les Grâces, les Vertus, sous des voiles funèbres,
Font retentir ces lieux de longs gémissemens ;
L'œil éploré, baissé, négligeant tous leurs charmes,
Elles vont publier, se baignant dans leurs larmes,
  Et vos dangers & mes tourmens.
La mort, l'affreuse mort menace votre vie ;
  Les Dieux jaloux de leurs bienfaits,
  A mon bonheur portent envie,
  Et le trépas, d'un bras impie,
S'apprête à déchirer, ô comble de forfaits !
Les vertueux liens de deux amis parfaits.
  Non, jamais la nature avare
  N'avoit de ses fécondes mains
Vu sortir un présent plus parfait, ni plus rare,
Que celui qu'elle fit, vous donnant aux humains.
Peut-être le séjour où l'audace & le crime
  Ne cessent de se déborder,
  Est indigne de posséder
Un cœur si généreux, une ame si sublime.
Hélas ! quand je voyois l'univers infecté
De perfides complots, de trahisons atroces,

Malgré de sages loix, des mœurs toujours féroces,
 Je m'étois cent fois révolté
 Contre tant de fcélérateffe;
 Et fouvent de l'auftérité
 Pouffant à l'excès la rudeffe,
 Ma haine confondoit fans ceffe
 Le crime avec l'humanité;
 Mais par un retour de fageffe
Mon efprit rappelloit, pour fortir de l'ivreffe,
De vos rares vertus la divine fplendeur,
 Et pardonnoit en leur faveur
 A tous les vices de l'efpèce.
 Dieux protecteurs des malheureux,
 Dieux fenfibles & pitoyables,
Qui recevez les pleurs des humains miférables,
Toi, qui de l'amitié forma les premiers nœuds,
 Mes Dieux, foyez-moi favorables,
 Entendez mes cris douloureux,
Et ne permettez pas qu'en vain je vous implore!
Dérobez au trépas une fœur que j'adore;
Agréez mon encens, mes larmes, mes foupirs.
Si jufque dans les cieux ma voix fe fait entendre,
 Exaucez les vœux d'un cœur tendre,
Et daignez accorder à mes ardens défirs,
Le feul bien qu'à jamais de vous j'ofe prétendre.
 Confervez les précieux jours
 De votre plus parfait ouvrage;
Que la fanté brillante accompagne leur cours,
Et qu'un bonheur égal foit toujours leur partage.
Si l'inflexible fort qui nous donne la loi
 Demande un fanglant facrifice,
 Daignez éclairer fa juftice;

Que son choix rigoureux ne tombe que sur moi.
J'attends sans murmurer, victime obéissante,
    Que l'inexorable trépas,
    De ma sœur détournant ses pas,
Veuille émousser sur moi sa faux étincelante.
Mais si tant de faveurs que j'ose demander
Sur un foible mortel ne peuvent se répandre,
    O mes Dieux ! daignez m'accorder,
Que nous puissions tous deux au même jour descendre
Dans ces champs ombragés de myrthes, de cyprès,
    Séjour d'une éternelle paix,
Et qu'un même tombeau renferme notre cendre !

A MILORD MARÉCHAL,

Sur la mort de son frère.

Vous pleurez, cher Mylord ? votre douleur amère
Redemande un héros, un ami tendre, un frère :
La gloire qui l'ombrage aux portes du trépas,
Quoiqu'illustrant son nom, ne vous console pas.
Cette noble union que le sort a détruite,
Fut moins l'effet du sang, que l'effet du mérite :
J'ai vû de ses beaux jours éteindre le flambeau,
Et j'ai de ses lauriers couronné son tombeau.
Dans ce combat affreux, s'il eût encor pu vivre,
Son bras auroit forcé la victoire à le suivre ;
Mais de l'airain tonnant les foudres en courroux
Prêt à triompher d'eux, l'abattent sous leurs coups.
    Fatale ambition, que d'illustres victimes,
Que d'amis, de héros moissonnés par tes crimes !
Nos hameaux, nos cités, tous nos états sont pleins
De parens éplorés, de veuves, d'orphelins,

Qui réclament en vain par leurs cris, par leurs larmes,
Nos vengeurs moissonnés par le tranchant des armes.
Ah! la gloire s'achète au prix de trop d'horreurs ;
Mes lauriers teints de sang sont baignés de mes pleurs.
 Dans ces calamités, dans ces douleurs publiques,
Je me vois accablé de malheurs domestiques :
En moins de deux hivers, tel est mon triste sort,
Sur tout ce que j'aimois j'ai vu fondre la mort :
Elle enleva ma mère, & son fils & sa fille.
O jours de désespoir! quel coup pour ma famille !
Une mère, l'espoir, l'honneur de notre sang,
Un frère jeune encor, l'héritier de mon rang,
Une sœur, vrai héros, vaste & puissant génie,
A laquelle à jamais mon ame étoit unie !
Pour ne point succomber sous de pareils tourmens,
Il faut un cœur d'airain, privé de sentimens,
Aux cris de la nature obstinément rebelle,
Qui ne connut jamais d'amitié mutuelle.
 Dans l'abîme des maux où le sort m'a plongé,
Le cœur rongé d'ennuis & l'œil de pleurs chargé,
D'une réflexion mille fois repoussée,
La ténébreuse horreur occupe ma pensée :
On nous dit que ce Dieu, qu'au ciel nous adorons,
Est doux, juste & clément ; & Milord, nous souffrons ;
Comment concilier ses entrailles de père
Avec l'homme accablé du poids de sa misère ?
Jeune, foible, imprudent, éperdu, sans repos,
Dès ma première aurore en butte à tous les maux,
Les vices, la douleur, & le péril m'assiége.
J'ignore mon destin : d'où viens-je? où fuis-je? où vais-je?
J'éprouve en parcourant ce cercle étroit des ans
De souffrance & de maux les douloureux tourmens ;

Quand je touche à la fin de ma triste carrière,
La fille Atropos vient pour clore ma paupière,
Et la vertu divine & le crime infernal
Dans ce monde maudit, ont un destin égal.
Rien ne fléchit ce Dieu, ni le prix des offrandes,
Ni l'odeur des parfums ; il est sourd aux demandes
Des mortels écrasés par ses cruels décrets.
  Les voilà révélés, ces importans secrets.
Milord, qu'importe donc la triste connoissance
De ce bras qui m'accable & cause ma souffrance,
Si la mort de mes maux peut seule me sauver ?...
Il est, il est des maux qu'un mortel doit braver ;
La stoïque raison dont le flambeau m'éclaire,
M'apprend à me roidir contre un malheur vulgaire,
A calmer le chagrin, à dissiper l'effroi
D'un désastre qui peut n'influer que sur moi.
On a vu des mortels dont l'ame peu commune
Foule aux pieds la grandeur, méprise la fortune,
D'un infame intérêt déchire les liens,
Tranquille, inébranlable en perdant les faux biens,
Et dans sa décadence, aux trahisons en butte,
Oppose un front serein aux apprêts de sa chûte.
  Ne croyez pas, Milord, que j'emprunte le ton
De l'homme chimérique inventé par Platon :
Loin de vous étaler l'emphase scolastique,
C'est moi qui parle, instruit par ma dure pratique.
J'ai vu mes ennemis saccager mes États,
J'ai vu mes vœux trahis par le sort des combats ;
Près de mes oppresseurs se sont rangés mes proches,
Sans m'emporter contr'eux en de justes reproches ;
J'ai vu souvent la mort prête à fondre sur moi,
Sans qu'un trouble secret m'ait fait pâlir d'effroi.

Dans nos calamités, la commune épouvante
N'a pu rendre un moment ma conſtance flottante ;
Le pouvoir abſolu, le faſte, la ſplendeur
Étoient des objets vils pour mon ſuperbe cœur.
Prêt à perdre cent fois la vie & mes provinces,
Le ſort qui contre moi réunit tant de princes,
N'a pû me rendre encore un objet de pitié :
Mais s'il touche aux ſaints nœuds que forme l'amitié,
Par cet endroit cruel, cher Milord, il m'accable.
Achille, au talon près étoit invulnérable.
A tout autre malheur on trouve des ſecours ;
Le temps après l'orage amène de beaux jours.
Mais qui peut réparer des pertes éternelles ?
Quand la mort a bleſſé de ſes flèches cruelles
Ces parens, ces amis, objets de nos ſouhaits,
On s'en voit ſéparé, cher Milord, pour jamais :
Réclamez-les aux cieux, évoquez l'enfer même,
L'Achéron ne rend plus ceux qu'on pleure & qu'on aime ;
L'irrévocable loi de la fatalité
A ce terme arrêta notre témérité.

 Pour toujours, chère ſœur, je vous ai donc perdue !
La main d'un Dieu cruel ſur ma tête étendue,
Par des coups redoublés à me perdre occupé,
Au plus ſenſible endroit à la fin m'a frappé.
Avec mille regrets, ô mânes que j'adore !
Je rappelle les jours de ma première aurore,
Où ſi-tôt que mon cœur a paru s'animer,
Mes premiers ſentimens furent de vous aimer.
De l'amour des vertus l'heureuſe ſympathie
Forma notre union par l'eſtime nourrie,
Et bientôt la raiſon développée en nous,
Conſacra pour jamais des ſentimens ſi doux.

De notre attachement telle étoit l'origine :
Dès notre berceau même il a poussé racine ;
Nous croissions ainsi sous l'auguste pouvoir
De parens dont les mœurs dictoient notre devoir ;
Nous n'avions entre nous ni secret ni mystère,
Et la sœur ne faisoit qu'une ame avec le frère.
Dès-lors combien de fois, sensible à mes douleurs,
Ses généreuses mains ont essuyé mes pleurs ?
Comme dans les jardins on voit de jeunes plantes
S'entre-prêter l'appui de leurs tiges naissantes,
Pour éluder les coups des vents impétueux ;
Nous nous prêtions ainsi des secours vertueux.
Depuis, dans les dangers d'un plus terrible orage,
Son héroïque exemple affermit mon courage.
Combien de fois enfin, facile à m'égarer,
Du piége où je tombois elle sut me tirer ?
Le vice à son aspect n'osoit jamais paroître ;
De mes sens mutinés elle m'a rendu maître :
C'étoit par la vertu qu'on plaisoit à ses yeux.

Une aussi sage amie est un bienfait des cieux.
Les avis, les secours s'y rencontrent en foule,
Tandis qu'au premier choc se dissipe & s'écoule
L'hypocrite ramas d'amis sans probité,
Parasites rampans de la prospérité.
Quand au bruit d'un revers leur troupe m'abandonne,
Je sens le prix d'un cœur qui chérit ma personne,
Qui dans l'adversité redouble de ferveur,
Console, agit, s'empresse, affronte mon malheur.
Rare félicité, trop courte & peu goûtée,
Que le destin barbare a trop peu respectée !
O jour rempli d'horreurs ! ô souvenir affreux !
Sur mon front pâlissant se dressent mes cheveux.

Je crois le voir encor l'exécrable miniftre,
Organe & meffager de ce trépas finiftre,
Quand en perçant mon cœur il penfa m'immoler.
　　La force me manqua, je ne pus lui parler.
Stupide, inanimé, fans voix & fans penfée,
Tout d'un coup éclata ma douleur oppreffée...
La mort n'égale point tout ce que j'ai fouffert ;
C'eft un pire tourment que celui de l'enfer.
Je déteftois le jour, je fuyois la lumière,
Et j'aurois de ma main abrégé ma carrière,
Quand, pour comble de maux, la voix de mon devoir
Me força d'arrêter le cours du défefpoir.
　　Vains fonges de l'orgueil, ô majefté fuprême !
Un roi moins que le peuple eft maître de lui-même.
L'État prefqu'abattu, coloffe chancelant,
Ne confervoit d'appui que mon bras languiffant :
Il falloit s'oppofer à l'Europe en furie ;
Il fallut m'immoler au bien de la patrie,
Voler dans les combats, vivre pour la venger...
Je refpirois la mort, j'appellois le danger.
Mais quel cruel emploi pour une ame égarée,
Dans un chagrin mortel au défefpoir livrée,
De porter dans l'horreur qui dévoroit mes jours,
Aux places en danger de rapides fecours,
D'oppofer aux effaims que vomiffoit la terre,
De peuples ramaffés dévoués à la guerre,
En cent endroits lointains les mêmes défenfeurs,
De prévoir, calculer, conjurer les malheurs ?
Je fens que ce fardeau m'accable & m'importune...
Heureux qui dégagé du joug de la fortune,
Inconnu, mais tranquille en fon obfcurité,
S'afflige fans témoins & pleure en liberté !

Quand pourrai-je briser mes entraves dorées,
Quand pourrai-je quitter ces funestes contrées,
Et hâter ce moment, à mes chagrins si doux,
Qui me réunira, divine sœur, à vous?
Nos ombres, dès ce jour, des Dieux favorisées,
Parmi le peuple heureux des plaines élysées,
Sans craindre le destin qui ne peut les troubler,
De tant de maux soufferts pourroient se consoler;
Et nos deux cœurs brûlant de flammes éternelles,
Aux respectables loix de l'amitié fidèles,
Cultiveroient en paix cette tendre union.
Quoi! ma raison s'égare, ah! quelle illusion
Me dépeint de ces lieux l'image mensongère ?

D'un songe séduisant la vapeur passagère
Sur nos sens engourdis règne dans le sommeil;
L'austère vérité le dissipe au réveil.
Oui, la raison détruit par sa clarté réelle
Le fantôme chéri d'une vie immortelle :
Tout ce qu'on se promet du ciseau d'Atropos,
C'est un oubli profond, un durable repos.
L'irrévocable loi met nos cendres éteintes
Hors du pouvoir des Dieux, à l'abri des atteintes;
Là, nous ne craindrons plus ces troubles orageux,
D'un aveugle destin enfans impétueux;
De cent rois conjurés les armes triomphantes
Contre des corps détruits deviennent impuissantes.
Le chagrin dévorant qui nous ronge le cœur,
Et l'abreuve à longs traits d'une amère douleur,
En de froids ossemens ne trouve plus sa proie;
Du Ciel en vain sur eux le courroux se déploie :
On ne viole point l'asile de la mort;
Elle est des malheureux le refuge & le port.

C'est

C'est donc un bien réel que de cesser de vivre.
Ce moment fortuné de nos maux nous délivre :
Dès que nous avons bu des sources du Léthé,
Tout ce qui fut, est tel que s'il n'eût point été.
Tant d'illustres Romains, dans des revers extrêmes,
Ont su par le trépas s'en délivrer eux-mêmes.
Que d'exemples fameux, soutenus de grands noms;
Les Catons, les Curius, les Brutus, les Othons!
On les imite à Londre, & l'Anglois libre & ferme,
Aux rigueurs du destin prescrit lui-même un terme.
Qu'un misérable esclave, encor flétri des fers,
Redoute plus la mort que des affronts soufferts,
Il peut vivre en infame & mourir comme un lâche;
Sa basse ignominie à nos regards se cache;
Par la honte avili, par l'opprobre écrasé,
Son exemple odieux est par-tout méprisé...
L'école des héros fournit d'autres maximes,
La gloire en recueillit les sentences sublimes ;
Son crayon nous traça les chemins de l'honneur,
Nous apprit à dompter la foiblesse & la peur,
Et nous dit, que souffrir que le sort nous outrage,
C'est moins humilité que défaut de courage.
 Les Dieux, par un accord conforme à nos souhaits,
Promirent à nos jours d'attacher leurs bienfaits ;
Mais ce bien corrompu, le bien ne peut plus être,
On doit y renoncer, tout homme en est le maître :
Rompant le fil fatal de ses jours désastreux,
On leur rend tout le bien que l'on a reçu d'eux.
Voilà, dans les horreurs du destin qui m'accable,
Les sentimens secrets d'un cœur inébranlable,
Qui sans importuner le Ciel par son encens,
Sans mendier de lui ni faveurs, ni présens,

Tome I.   Q

De son joug dégoûté, désabusé du monde,
Vit, par l'unique espoir sur lequel il se fonde,
Que s'il sauve l'État, quitte de son emploi,
Il pourra disposer en liberté de soi.

De Breslau, en Décembre 1758.

ÉPITRE
AU MARQUIS D'ARGENS.

Non, Marquis, ton espoir s'abuse,
Si tu crois qu'auprès d'Apollon
Jamais une folâtre Muse
Me ramène au sacré vallon.
Détrompé de l'erreur d'un nom,
Et de l'oripeau de la gloire,
Je laisse au temple de mémoire
Courir qui voudra s'y placer,
Sans que dans la glissante route
Aucun postulant me redoute,
Ou que j'y puisse embarrasser.
   Mon corps s'use, mon esprit tombe.
Des soins, des chagrins dévorans
Creusent sous mes pas chancelans
Imperceptiblement ma tombe.
Chargé de fardeaux accablans,
Et glacé par le froid des ans,
Irai-je d'une voix tremblante
Chevroter des hymnes divins,
Et de Calliope expirante,
Ranimer les feux presqu'éteints?

Au sein de l'horreur, des alarmes,
Dans le tumulte & les hasards,
Crois-tu que sous nos étendards,
Parmi le carnage & les armes,
Et l'énorme fracas des camps,
Les Grâces prodiguent leurs charmes,
Et daignent m'inspirer leurs chants ?
Je vois ces Nymphes fugitives,
Timides, errantes, craintives,
Chercher des asiles plus doux :
Leurs pas se détournent de nous,
Pour se fixer sur cette rive
Où la paix habite avec vous.
Vois ici, de meurtres avides,
L'œil enflammé, de rang en rang,
Les implacables Euménides
Se baigner dans des flots de sang...
Comment à cette race impie
Le Ciel uniroit-il jamais
Ces tendres filles du génie,
Des beaux-arts & de l'harmonie,
De l'opulence & de la paix ?..
Qui voudroit joindre à la fanfare
La flûte ou la douce guitare,
Feroit un mélange odieux.
Il faut qu'en ce monde bizarre,
Chaque chose soit en son lieu ;
C'est pourquoi la Nature sage,
Aux êtres, par un juste choix,
De dons divers fit le partage.
L'instinct qui leur prescrit des loix,

Aftreint chacun à fon ufage.
Une agréable & tendre voix
Échut à ces chantres des bois
Qui nous charment par leur ramage ;
L'aigle, le vautour dévorant,
Armés d'un cœur plein de courage,
De ferres & d'un bec tranchant,
Des airs appercevant leur proie,
Pouffent des cris aigus de joie,
Et la déchirent en volant.
Le fort de notre foible efpèce
Eft (n'en déplaife à ta fageffe)
Comme celui des animaux.
Chacun reçut dès fa jeuneffe
Certains talens, certains défauts.
L'homme que la raifon éclaire,
Sait fe limiter dans fa fphère,
Ou s'il en fort mal à propos,
Il devient le jouet des fots.
Hercule, dont la main fatale
Acheva tant de grands travaux,
Lorfqu'il filoit aux pieds d'Omphale,
Mettoit en pièces fes fufeaux.
Moi, qu'un aveugle déftin guide
Sur les pas du fameux Alcide,
Moi donc, qui m'oppofe aujourd'hui
A des brigands auffi perfides,
A des monftres plus homicides
Que ceux qu'il écrafa fous lui,
Prétends-tu que ma main déçue,
Faite à manier fa maffue,

Déchire du premier début
Les cordes de l'aimable luth
De Tibulles & de Chapelle,
Ou la lyre à mes doigts rebelle
Sur laquelle Homère chanta,
Et rendit la fable immortelle
Que son beau génie inventa?..
Ah! laisse ma Muse grossière,
Avec son harnois martial,
Couvert de sang & de poussière,
S'escrimer comme un Annibal,
Comme Amadis, ou Diomède,
Dom Quichotte, Ajax ou Tancrède,
Et de la guerre qui m'excède,
Abréger le cours infernal.
Bientôt la gazette fidelle
T'apprendra la grande nouvelle,
Que nos preux chevaliers errans,
Marchant en pompe solemnelle,
Ont attaqué, remplis de zèle,
Des moulins qu'agitent les vents,
Dont ils emporteront une aîle.

 La très-sainte religion,
Ainsi qu'un sublime héroïsme,
Ont inspiré le fanatisme.
Bien des héros, grands de renom,
Poussant la gloire à l'optimisme,
Sont Dom Quichottes dans le fond.
Mais, sans acharner ma critique
Sur cette démence héroïque,
Je sens, ô Marquis! mon appui,
Combien ma verve germanique

Sur ta cervelle académique
Répand un sombre & froid ennui.
Crois-m'en, il est dur pour moi-même
D'ennuyer un ami que j'aime
Par des vers tracés au hasard ;
Mais je veux, si je ne t'amuse,
T'instruire comme à leur égard
Il faut que ta sagesse en use.

Au crépuscule, quand la nuit
T'apparoît sur son char d'ébène,
Quand ton esprit, las de la gêne
Où le travail l'avoit réduit,
Quitte Euripide & Démosthène,
Pour chercher le duvet du lit,
Prends alors ce soporifique :
Je te vois au premier distique,
En commençant de t'assoupir,
Soupirer, bâiller & dormir.
Puissent ces vers peu supportables,
A ton repos plus favorables,
De ton asile ténébreux,
Bannir ces fantômes hideux,
Enfans de rêves effroyables,
Et t'amener, selon mes vœux,
Toujours des songes agréables !

A Landshut, le 29 d'Avril 1759.

AU MARQUIS D'ARGENS,

Sur ce que le maréchal Daun avoit reculé de Torgau jusqu'à Dresde en 1760.

Marquis, quel changement! moi chétif, moi profane,
 Qui fréquente peu le saint lieu;
Moi sans toque & brevet dont la faveur émane
Du sacré serviteur des serviteurs de Dieu,
 Qui m'anathématise & me damne;
Moi dont l'attachement au culte naturel
Ne reconnut jamais que la pure doctrine,
Empreinte dans nos cœurs par une main divine,
Ne servis ni Baal, ni le Dieu d'Israël;
Moi que l'adversité nourrit à son école,
 Qu'à Vienne un frauduleux écrit
 A dépeint errant & proscrit;
Moi que plus d'un ministre en son cerveau frivole,
Plus d'un cafard tondu, décoré d'une étole,
Sur le vague récit d'un téméraire bruit
 Avoit cru de long-temps détruit;
Par un coup imprévu l'inconstante fortune,
Qui me sacrifia pour plaire à mes rivaux,
 Contr'eux a tourné sa rancune
 Et me relève sur les flots :
Et cet homme bénit, ce dévot personnage,
Qui dévore son Dieu cinquante fois par an,
 Qui pour triompher de Satan,
De Vienne à Closter-Zell trotte en pèlerinage,

Héros qui par brevet eut le titre de fage,
 Sans avoir été terraffé,
Recule chaque nuit de village en village,
Comme un barbet meurtri qui fuit le voifinage
 Du cuifinier qui l'a feffé.
O fantafque fortune! enfin en eft-ce affez ?
Comme de notre fort ta cruauté fe joue !
Celui-ci fous un dais eft par ta main placé,
Et celui-là du trône eft jeté dans la boue.
 Mais le fouvenir du paffé
 Sur l'avenir enfin m'éclaire ;
 Toi-même tu m'appris le cas
 Que d'une coquette on doit faire :
 Nonobftant tes divins appas,
 Ni ta tendreffe menfongère,
Ni ton brillant retour ne me féduiront pas.
 Mais dis-moi par quelle fottife
 Vas-tu te frotter à l'églife?
 Contre un faint qu'elle canonife,
 Tu prends l'intérêt d'un damné ;
 Dis-moi quel pouvoir t'autorife
 A pourfuivre un prédeftiné ?
Que diront dans les cieux & la * * & Bellones,
 De la farce que tu leur donnes;
 Et que dira fa fainteté ?
 Ne penfe pas qu'on te pardonne
 Ce tour de ta déloyauté ;
 Crains, qu'outré de ta manie,
 A Rome on ne t'excommunie.
En ce cas, l'univers en treffaillant d'effroi,
Frappé de cette dure & terrible fentence,

(Tandis que tout mortel au fond du cœur t'encenfe)
Par crainte de l'enfer s'enfuira loin de toi;
  Et ton temple défert & vide
  Nous fera la même pitié
  Que le facré temple où réfide
  La déeffe de l'amitié.
Depuis, en ruminant fur cette ample matière,
  Marquis, j'ai trouvé la raifon
Pourquoi cet homme orné de toque & de toifon
D'une écreviffe a pris la démarche en arrière.
  Le vieux Satan, efprit malin,
  A nous nuire, toujours enclin,
Naguère l'induifit d'une étrange manière;
Par des travaux nombreux il occupa fon temps,
  Si bien que deux jours du printemps,
Le guerrier fatigué ne dit point fon bréviaire;
Et quoique fon grand nom à Vienne foit prôné,
Par faint Népomucène il fe vit condamné
  A faire un bout de pénitence,
  Et la Fortune exécuta
  D'un tour de main cette fentence;
  Voilà comment il recula.
  Après quoi de toute œuvre pie,
  Tout bon Chrétien préfomptueux,
  Scrutant fon zèle faftueux,
Des rufes de Satan & de foi fe méfie.

ÉPITRE A VOLTAIRE,

Qui vouloit négocier la paix.

C'EST donc vous qui croyez m'exhorter à la paix ?
Elle a fait de tout temps le but de mes souhaits ;
J'espère vainement d'en célébrer la fête.
Neptune, & non pas moi, peut calmer la tempête ;
C'est aux antiques Dieux, de l'Olympe habitans,
A réprimer les mers, à renfermer les vents.
Pour moi, nouveau sevré dans la troupe céleste,
Je dois borner mes soins à quelqu'avis modeste ;
Mais je connois des Dieux, doux, sages, bienfaisans,
Qui toujours modérés, toujours concilians,
Déplorant dans leur cœur les souffrances publiques,
Occupent leurs vertus de projets pacifiques.
 Pour l'altière Junon, Virgile vous l'a dit,
De nos cruels débats son orgueil s'applaudit ;
Souvent dans l'univers, répandant les alarmes,
Des Dieux trop aveuglés pour elle ont pris les armes.
C'est elle que l'on vit sur les bords phrygiens,
Persécuter Hector, Priam & les Troyens ;
Et sur des fugitifs sa colère acharnée,
Poursuivit par les mers Anchyse avec Énée.
L'Europe assez long-temps trop docile à ses loix,
Ouvre un œil fasciné, pour la première fois,
Et d'un regard hardi confond son imposture.
On s'élève, on s'indigne, on éclate, on murmure :
„ Faut-il, dit-on, flexible à ses impressions,
„ Fomenter nos malheurs & nos dissentions ?
„ En vils gladiateurs, pour assouvir sa rage,

» Nous baigner dans des flots de sang & de carnage,
» Et toujours des combats contempler l'appareil ? »
La raison assoupie est au jour du réveil
Par de vains préjugés dans le trouble engagée ;
Dans peu de l'imposture elle sera vengée :
Le tourbillon fougueux qui poussoit tous ces corps,
A par sa violence épuisé ses efforts ;
Il s'appaise en grondant, essoufflé, hors d'haleine,
Et ne fatigue plus les sables de l'arène.
 Le stupide habitant de ces vastes forêts,
Auquel le Dieu du jour a refusé ses traits,
Dans le fond ténébreux d'un repaire sauvage,
Déteste par instinct la guerre qu'il partage :
Jusqu'aux lieux entourés par d'éternels glaçons,
La voix de l'équité parle au cœur des Lappons.
Que dis-je ?... vos François, qui sous différens titres
Des droits des nations s'érigeoient en arbitres,
Votre dieu de la Seine & vos rois plébéïens,
Depuis que la fortune échappe à leurs liens,
Répriment en secret cette fougue effrénée,
Qui prétendoit des rois dicter la destinée :
L'abattement succède à ces bruyans transports...
Voyez votre patrie en proie à ses remords ;
Elle sort à la fin d'un rêve fantastique,
Et libre des ardeurs d'un accès frénétique,
Recouvrant ses esprits, le jour & la santé,
La France ouvre les yeux & revoit la clarté ;
D'un rayon de bon sens l'éclatante lumière
Abat les préjugés qui couvroient sa paupière :
Ces fantômes qu'un songe engendre avec l'erreur,
Dont un sang bouillonnant nourrissoit la vapeur,
Se dissipent soudain, & la vérité nue,
Par cent objets fâcheux vient occuper sa vue.

A fes regards furpris, quel odieux coup-d'œil !..
Elle voit le faux dieu (*) créé par fon orgueil,
Ce monftre qu'engendra fa haine dévorante,
Au facrilège fein de la difcorde ardente,
Dont les membres divers font autant de tyrans,
Prêts à fe déchirer pour leurs vains différens,
Qui prompts à la fervir, prompts à tomber fur elle,
Sont l'appui dangereux de fa trifte querelle.
Elle-même s'étonne en trouvant en tous lieux
Les effets qu'ont produits fes tranfports odieux,
Terribles monumens de cruauté, de rage,
D'un orgueil infenfé, trop déplorable ouvrage;
De la Viftule au Rhin cent pays défolés,
Leurs murs encor fumans, leurs peuples immolés,
Toute l'horreur qui fuit une infernale guerre.
C'eft elle enfin qui ravagea la terre.
Hélas ! on ne fent point dans fon égarement
Jufqu'où peut entraîner un fougueux fentiment ;
Elle-même en rougit, elle a peine à le croire :
Voltaire effacera ce trait de fon hiftoire,
Et fon roi dégoûté d'inutiles forfaits,
Las de tant d'embarras, refpirera la paix.

 Cette paix lui devient utile & néceffaire :
Ses peuples opprimés périffent de mifère,
Ses tréfors par l'Autriche fe trouvent épuifés,
Ses héros par l'Anglois vaincus ou difperfés,
Ses vaiffeaux fouverains d'Éole & de Neptune,
Échoués ou battus, maudiffent leur fortune.
Un vafte État fondé dans un climat lointain,
Qui portoit pour tribut du bord américain

(*) Le Triumvirat.

Ces poissons recherchés du zèle apostolique,
D'abstinence & de jeûne aliment catholique,
Ce Canada conquis par ses fiers ennemis,
Aux hérétiques mains des Bretons est soumis.
La France sans trésors, sans vaisseaux, sans système,
Sans Québec, est réduite à manquer au carême.
La paix, la seule paix, peut enfin la tirer
Du malheur que le temps doit encore empirer.
　Dans son accablement, son orgueil plus flexible,
Aux maux du genre-humain entr'ouvre un cœur sensible,
Et paroît s'empresser d'en terminer le cours:
La modération éclate en ses discours;
De son esprit altier les funestes maximes
Font place aux sentimens des ames magnanimes.
Le peuple qu'éblouit ce généreux effort,
Pense qu'il va jouir des biens de l'âge d'or,
Qu'étouffant la discorde ainsi que la vengeance,
Son bonheur & la paix lui viendront de la France.
Mais ce peuple imbécille est dupé par les grands,
Oppresseurs des États, du monde sous-tyrans,
Qui sans cesse absorbés dans des projets sinistres,
Des attentats fameux sont les cruels ministres.
Que de leurs sons flatteurs la douce impression
Ne vous détrompe point de leur ambition;
Leur dehors est couvert du fard de la justice,
Leur cœur impénétrable est rempli d'artifice:
Vainement sous un masque ils pensent se cacher;
D'une main assurée il le faut arracher,
Il faut, en découvrant leurs passions iniques,
Exposer au grand jour ces démons politiques.
　Ces farouches mortels si durs & si hautains,
Tendres pour l'intérêt, pour nous pleins de dédains,

Si souvent arrosés des pleurs des misérables,
N'ont jamais amolli leurs cœurs impitoyables.
Trop hauts dans le succès, trop bas dans le malheur,
Le destin règle seul leur haine & leur faveur :
S'ils sont compâtissans, c'est qu'ils sont sans ressource,
Et l'amour de la paix n'est qu'au fond de leur bourse.
 Non, le Sphinx qui dans Thèbe exerçoit sa fureur,
Ces monstres qui d'Hercule éprouvoient la valeur,
Les maux contagieux, les famines, les pestes,
Sont moins à redouter, sont cent fois moins funestes,
Que tous ces scélérats dont les complots pervers
Jusqu'en ses fondemens ébranlent l'univers.
Craignez l'infection & le poison que verse
Dans un cœur simple & pur leur dangereux commerce.
D'abord on les observe, on craint d'être trompé,
Tôt ou tard dans leur piège on est enveloppé;
Il faut joûter contr'eux, l'artifice a ses charmes,
Et l'on se sert enfin de leurs perfides armes...
Ah! passons dans le sein du repos & des arts,
La fin d'un jour obscur troublé par les hasards;
Et bornant nos désirs au charme d'être juste,
Fuyons Tigellius, & Néron & Locuste.

A Freyberg, ce 13 Décembre 1759.

AU MARQUIS D'ARGENS,

Sur ce qu'il avoit écrit qu'un homme s'érigeoit en prophète à Berlin, & qu'il avoit déjà des sectateurs.

On rechercha toujours des sciences secrètes,
 Et dans les siècles ténébreux
 Le peuple stupide & peureux
Supposa que ses Dieux avoient des interprètes,
Et s'empressoit en foule aux oracles fameux;
 Tant on aimoit le merveilleux.
En nos jours éclairés, dans les lieux où vous êtes,
 Le vulgaire ne vaut pas mieux.
 Des astrologues, des prophètes,
Empiriques, devins, imposteurs, charlatans,
 Fabricateurs d'événemens,
Vous lisent dans le cours des astres, des comètes,
Du livre des destins les décrets éternels,
 Et vous débitent leurs sornettes,
 Aux esprits superficiels
 Des douairières en cornettes,
 Des imbécilles à lunettes,
 Des idiots anachorètes,
 Fanatiques matériels,
 Dont les talens essentiels
 Sont de croire à toute imposture,
 Rêve, fantôme, oracle, augure,
 Sur-tout aux plus surnaturels.
Tous ceux qui comme vous connoissent la nature,
Les disciples de Lock, de Bayle & d'Épicure,

Des visions qu'enfante un cerveau né mal-sain,
Regardent en pitié la rêverie obscure.
   Pour votre insensé de Berlin,
C'est dans l'Apocalypse, où Newton ne vit goutte,
   Qu'il a trouvé notre destin ;
   Du vieux démon l'esprit malin
   Jamais ne l'inspira sans doute ;
   Et s'il falloit l'apprécier,
   Je parîrois, quoi qu'il en coûte,
   Que certes il n'est pas forcier.
   Abandonnons dans son délire
   Le peuple à ses préventions :
Qu'il aime le clinquant par où l'erreur l'attire
   En mille superstitions.
Du brillant merveilleux le chimérique empire
   Le réduit en sujétion ;
   Il ne fait point ce qu'il admire,
   Le préjugé fait sa raison.
   Il craint les maux qu'il envisage :
Si par trop de foiblesse il se livre à l'erreur,
S'il croit légèrement au fortuné présage
   Que lui débite un imposteur,
C'est qu'il sent ne pouvoir résister au malheur.
Non, non, sage Marquis, quand même notre course
Nous offriroit encor d'autres calamités,
Contre les traits cruels des destins irrités,
Cherchons dans la vertu notre unique ressource ;
Opposons la raison à nos sens révoltés :
   Contre une âpre & longue souffrance,
   Une inébranlable constance
Triomphera du sort & des adversités.
Un homme courageux, dont le mâle génie
                    S'élance

S'élance hardiment par un sublime effort
Des fanges de la terre au palais d'Uranie,
Des hautes régions de la philosophie
Jette un coup-d'œil égal sur la vie & la mort:
Son ame, inaltérable aux secousses du sort,
 Contemple le néant du monde,
La vanité, l'orgueil, l'erreur dont il abonde,
Et voit que tout commence & que tout doit finir.
 Ainsi lorsque l'orage gronde,
Le sage dans son cœur garde une paix profonde,
Et sans s'inquiéter d'un funeste avenir,
 Il l'attend sans le prévenir.
 Il s'arme contre l'infortune,
 Quel qu'en soit le décret cruel,
Puisque sans se souftraire à cette loi commune,
Mortel, il doit subir le destin d'un mortel.

A Pretschendorf, le 5 Janvier 1760.

Sur la lecture du Salomon de VOLTAIRE.

Hé bien, j'ai vu dans Salomon
 Que l'enchantement de ce monde,
La gloire, l'intérêt, l'amour, l'ambition,
Le charme séducteur où mon bonheur se fonde,
 Qu'enfin, tout est illusion.
Si l'homme est malheureux, c'est par réflexion.
Dans son égarement, par pitié qu'on le laisse!
 Quand Salomon sur moi s'affaisse,
 Quoique sans doute il ait raison,

Il me remplit de sa tristesse,
Il exagère encor le destin qui m'oppresse :
  Cet impitoyable docteur
Même en la réveillant irrite ma douleur.
  Non, son hypocondre sagesse
  Ne vaut point l'agréable ivresse
  Où me plonge une douce erreur ;
Et si la vérité n'est faite pour personne,
S'il faut être trompé, qu'ainsi le Ciel l'ordonne,
  J'aime mieux, puisqu'il faut choisir,
  (Que Salomon me le pardonne)
  Ne l'être que par le plaisir.

ÉPITRE A D'ALEMBERT,

Sur ce qu'on avoit défendu l'Encyclopédie & brûlé ses Ouvrages en France.

Un sénat de Midas, en étole, en soutane,
A proscrit, nous dit-on, vos immortels écrits ?
  Son imbécillité condamne
  Les sages & les beaux esprits.
La superstition, l'erreur & l'ignorance,
Les juges du bon sens seroient-ils à Paris ?
Avec quelle fureur, avec quelle impudence,
Ces prêtres de Baal que l'enfer a vomis,
  Ont exercé leur violence
Sur l'art de raisonner, à leurs arrêts soumis !
Telle parut jadis dans ce jour de ravage
De leurs cruels aïeux la sanguinaire rage,

Quand Paris s'égorgeoit, la Saint-Barthélemis.
Barbares Visigoths, qu'osez-vous entreprendre ?
Opprobre de nos jours, vôtre férocité
  Vous empêche donc de comprendre,
Que malgré les complots de votre iniquité,
  La raison & la vérité
Sont comme le phénix qui renaît de sa cendre ?
Nonobstant les brouillards qu'exhaloient les erreurs
  De vos conciles & synodes,
Galilée eut raison ; & vos inquisiteurs
N'ont pu par les bûchers, ni les cris des docteurs,
  Anéantir les antipodes.
  Mais qui vous rend persécuteurs ?
  Pourquoi votre rage insensée,
Par les convulsions de sa fureur pressée,
S'offense-t-elle, enfin, que de savans auteurs,
Organes du bon sens, nous peignent leur pensée ?
O comble de forfaits ! ô siècle ! ô temps ! ô mœurs !
Je laisse en paix l'amas de vos songes trompeurs,
  De votre système apocryphe :
Le crime vous décèle, indignes imposteurs ;
Le vicaire de Dieu, votre premier pontife,
  Protège des conspirateurs,
Des monstres portugais, dont les complots perfides
Armoient contre leur roi des sujets parricides ;
L'événement l'atteste, & l'Europe en frémit,
Le sage qui l'apprend, en silence gémit.
  Quoi ! Rome en ce siècle servile
  Devient le refuge & l'asile
  Du crime qui s'y raffermit !
Un ordre qui d'Ignace a reçu sa doctrine,
Complote dans son sein le meurtre & la ruine

Des États & des citoyens.
Ofez-vous, féroces Chrétiens,
Qui jufqu'au fanctuaire, au milieu de vos temples (*),
D'attentats inhumains fourniffez des exemples,
Calomnier encor la vertu des Païens ?
Si vous les accufez de crimes,
Furent-ils comme vous barbares & cruels ?
Songez au nombre de victimes
Dont l'inquifition a rougi les autels..
Votre Dieu, des ames fublimes,
Exige des vertus, non le fang des mortels.
Platon diroit, voyant vos fêtes triomphales,
Ces innocens menés aux bûchers folemnels,
Que vous facrifiez ces victimes fatales
A des déités infernales.
Ah ! jufqu'à quand les nations
Souffriront-elles ces fcandales,
Et l'abus des religions ?
Voilà, voilà pourquoi ces monftres à tonfure,
Ces charlatans de l'impofture,
Défenfeurs criminels des intérêts du Ciel,
Sont pleins d'acharnement, de fureur & d'envie
Et contre la raifon & la philofophie.
Voilà pourquoi des flots d'amertume & de fiel
Sont répandus fur votre vie.
Ces fourbes, en tremblant dans leur obfcurité,
Craignoient que la raifon, d'une vive lumière,
N'éclairant de trop près leur coupable carrière,
Nous décelât la vérité.

(*) L'hoftie empoifonnée qu'ils donnèrent à un Empereur : je crois Henri VII.

      Laissez ramper dans la poussière
      Ces fléaux de l'humanité.
Qu'ils insultent le sage en disant le bréviaire,
Qu'ils confondent l'orgueil avec l'humilité ;
De leur croassement la clameur passagère,
O sage d'Alembert ! pour votre esprit austère,
      N'est qu'un son frivole, un vain bruit,
Qui sur l'aîle des vents se dissipe & s'enfuit.
Amant de vérités solides, éternelles,
Sans vous embarrasser en d'absurdes querelles,
Du haut du firmament à vos calculs soumis,
      Méprisez tous vos ennemis.
Continuez en paix, loin de leurs cris rebelles,
      Vos découvertes immortelles ;
Tandis que leur audace ameute des pervers,
Et qu'à son tribunal l'idiot vous assigne,
      Par un sort plus noble & plus digne
      Vous éclairerez l'univers.

ÉPITRE

A MA SŒUR AMÉLIE,

Sur le Hasard.

Non, vous ne croyez point que l'humaine misère
Attire les regards du Dieu qui nous éclaire,
Et c'est avec raison : de sa félicité
Rien ne peut altérer l'impassibilité...
Ce Dieu, sourd à nos vœux, ignore nos demandes,
Et lorsque ses autels fument de nos offrandes,
Insensible aux parfums dont on vient l'encenser,

Sans daigner nous punir, fans nous récompenfer,
A d'auffi vils objets loin d'attacher fa vue,
Ne gouvernant qu'en grand cette maffe étendue,
Et ces globes nombreux qui flottent dans les airs,
Aux primitives loix il foumet l'univers.
Mais quelle eft, direz-vous, cette fource féconde
De deftins différens que l'homme a dans le monde ?
Si Dieu ne prévoit…… , s'il n'a rien réfolu,
S'il n'étend point ……ous fon pouvoir abfolu,
De ce nombre infini de fortunes diverfes,
De fuccès, de revers, de grandeurs, de traverfes,
Qui de nos triftes jours rempliffent le courant,
L'homme feroit-il feul le puiffant artifan ?
Nous a-t-on bien prouvé ce qu'avance Voltaire,
Où l'imprudent périt, le prévoyant profpère ?

Je ne veux pas, ma fœur, mifanthrope fâcheux,
Oûtrant de notre état le deftin malheureux,
Ravaler devant vous, avec trop de rudeffe,
Les lueurs que fouvent accorde la fageffe.
La nature aux humains difpenfant fes faveurs,
Fut avare en tout temps de dons fupérieurs ;
Cependant l'on a vu l'art & la politique
Préparer des fuccès au vainqueur du Granique,
Céfar joignant l'audace à fes prudens deffeins,
Par fon puiffant génie affervir les Romains.
A côté des héros que leurs exploits fignalent,
Mahomet, ou Vafa peut-être les égalent.
De ces âges nombreux avant nous écoulés,
Parmi tant de grands faits fans choix accumulés,
Il eft bien peu de noms dignes qu'on les rappelle.
La vertu rarement a le bonheur pour elle…
N'appercevez-vous pas la foule d'inconnus,

De fous, d'extravagans aux honneurs parvenus,
Sans grace, fans talens, fans efprit, fans mérite,
Paffer étourdîment à leur grandeur fubite
Les regards éblouis d'un éclat emprunté,
Dédaigneux, arrogans, ivres de vanité,
Des peuples profternés méprifer les hommages,
Tandis que le malheur perfécute les fages?
Le monde eft donc, ma fœur, l'empire du hafard;
Il élève, il détruit : bizarre à notre égard,
Il ufurpe les droits de notre prévoyance.
Ne vous figurez point cette aveugle puiffance,
Ce dieu du paganifme, émule du Deftin,
Qui difpofe de tout fans choix & fans deffein;
Le hafard eft l'effet de ces caufes fecondes,
Dont les refforts couverts de ténèbres profondes,
Sous leur déguifement fachant nous échapper,
Par leur fauffe apparence ont l'art de nous tromper.
Le philofophe fait que dans toutes les chofes,
Les effets font produits du fein fécond des caufes;
D'un pas fûr, mais tardif, par le raifonnement
Il remonte au principe après l'événement.
L'infolent politique, ambitieux & fombre,
Porte d'un bras hardi fa lumière en cette ombre;
Il perce l'avenir fans l'avoir apperçu;
Il règle, embrouille tout, & fe trouve déçu.
L'aveugle en tâtonnant prend pour des certitudes
La trompeufe apparence & les viciffitudes,
Et dans ce labyrinthe, ardent à pénétrer,
Sans fil pour le guider, il y court s'égarer,
Bronchant à chaque pas au bord des précipices,
Qui peut lui révéler les bizarres caprices
De tant de foibles rois pétris d'illufions,

Changeans dans leurs faveurs, jouets des paſſions ?
Quels feront les devins, ou quels eſprits ſublimes
Pourront lui déſigner l'eſpèce de victimes
Que l'Ange deſtructeur, armé par le trépas,
Moiſſonnera l'hiver au ſein de tant d'États ?..
Qu'un roi ſoit emporté, que ſon fils le remplace,
Le monde politique en prend une autre face;
Par d'autres paſſions ſe laiſſant dominer,
Sur un plan différent ce roi va gouverner;
De nouvelles erreurs chaſſeront les anciennes,
Changeront les motifs des faveurs ou des haines.
Mais, que dis-je ? au conſeil, un moindre choc ſuffit.
Qu'on exile un miniſtre, une femme en crédit,
Jamais les ſucceſſeurs dans ces premières places,
De leurs devanciers n'ont pourſuivi les traces,
Et ſouvent dans les cours, pour un moindre ſujet,
Tout prend une autre forme & change de projet.

Tant d'intérêts divers, tant d'intrigues horribles,
Des révolutions les ſecouſſes terribles,
C'eſt l'océan en proie aux aquilons fougueux :
De leur contraire effort, le choc impétueux
Fait ſoulever les flots, les enfle, les irrite,
Les pouſſe avec fureur, les rompt, les précipite,
Et la mer mugiſſante, en frappant à ſes bords,
Y jette en reculant des débris & des morts.
Notre frêle vaiſſeau, ſans mats & ſans bouſſole,
Flotte ſans avirons au gré du vague Éole,
Il range des écueils, il déſire un abri ;
L'un trouve ſon ſalut où l'autre avoit péri.
La prudence n'eſt donc qu'un art de conjecture :
L'exemple prouve bien cette vérité dure.
Étoit-ce ſon mérite, étoit-ce ſa beauté,

Qui du rang le plus bas & de l'obscurité,
Quand ses attraits flétris touchoient à leur automne,
Éleva Catherine & la mit sur le trône ?
Si d'un œil amoureux le lubrique regard
Ne l'eût dans ses transports fait convoiter au Czar,
A son destin obscur à jamais condamnée,
Le Pope dans Moscow ne l'eût pas couronnée.

Mais consultons sans choix les fastes de l'amour ;
Entre mille beautés qui brilloient à sa cour,
Pour remplacer trois sœurs qui furent ses maîtresses,
Louis n'adressa point ses vœux à des duchesses ;
L'indigne rejeton d'un financier proscrit
Devint l'heureux objet dont son cœur se nourrit :
Toujours plus amoureux & resserrant ses chaînes,
En ses mains, de l'État Louis remit les rênes.
Ce d'Amboise en fontange est l'Atlas des François,
A son bureau se vend & la guerre & la paix.
Pompadour ne fait point filer le fils d'Alcmène,
C'est l'indolent Bourbon que l'habitude enchaîne,
Et ces charmes divins que nous n'aurions connus
Qu'en quelque temple obscur, sous les loix de Vénus,
Décident à présent des destins de l'Europe.
Dites-moi quel devin habile en horoscope,
En consultant les cieux & son astre en naissant,
Pouvoit lui présager ce destin florissant ?
Élevée en exil depuis sa tendre enfance,
De son ambition, l'orgueilleuse espérance
N'avoit osé former des vœux aussi hardis ;
D'Étiol en l'épousant la mit en paradis.

Nous, que l'expérience instruisit dans les brigues,
Qui connoissons les cours & leurs sourdes intrigues,
L'artifice commun à tous les courtisans,

Qui pour mieux supplanter des rivaux tout-puissans
Flattent des souverains les passions secrètes,
Les charment au moyen d'aimables marionnettes
Dont ils font avec art jouer tous les ressorts,
Et maîtres de leurs cœurs en règlent les transports :
Nous voyons l'intérêt, les ruses, les adresses,
Qui font naître ou baisser le crédit des maîtresses,
Et dans ce vil emploi qui dégrade les grands,
Ils semblent tour-à-tour esclaves ou tyrans.
Parmi ces demi-dieux, entre ces personnages
Que la faveur créa, l'Europe a vu des pages,
Des brigands de finance, arbitres des humains,
Des reclus tonsurés, devenus souverains,
Et des greffiers poudreux, en France connétables.
Ces exemples récens, ma sœur, sont innombrables :
L'occasion sert mieux que ne font les projets.

Mais pour en revenir à de plus grands objets,
Abandonnons des cours l'habitant idolâtre,
La guerre me fournit un plus vaste théâtre.
C'est-là que la fortune étale avec orgueil
Et son mépris bizarre & son flatteur accueil.
Parmi tant de guerriers dont le nombre l'assiège,
Ses dons sont prodigués à ceux qu'elle protège ;
Elle embellit leurs traits de brillantes couleurs,
Et noircit les talens de leurs compétiteurs.
Dans la noble carrière où le héros s'élance,
Son génie au hasard discute l'influence ;
Mais il épuise en vain ses soins & ses efforts,
Il dépend malgré lui des plus foibles ressorts.
Ces hommes ramassés dont se forme une armée,
Sont les vils instrumens qui font sa renommée ;

La crainte, le défordre, ou l'ardeur du foldat,
Fixent l'incertitude & le fort du combat.
Parmi tant de hafards qu'il court ou qu'il évite,
Ses folides projets atteftent fon mérite :
C'eft d'eux qu'on doit juger, & non fans fondement
L'applaudir, le blâmer, felon l'événement.
Dans ce fens, des héros confidérons l'hiftoire.

 Eugène, dont le nom préfageoit la victoire,
Parut trop confier fes fuccès aux hafards,
Alors qu'il infulta les fameux boulevards
Dont l'Ottoman fuperbe environna Belgrade;
Il brave les périls, fon cœur le perfuade
Qu'il peut forcer fes murs & renverfer fes tours,
Avant que l'ennemi lui porte des fecours.
Le Vifir indigné vient l'affiéger lui-même;
Il envoie aux Chrétiens la difette au teint blême;
Le défefpoir, la mort s'offrent à leurs regards.
Preffés par le Vifir, accablés des remparts,
Le Danube à leur dos rend leur retraite vaine:
Tout confpiroit enfin à la perte d'Eugène.
Il faut mourir ou vaincre : un noble défefpoir
L'oblige à tout rifquer, ainfi qu'à tout prévoir :
Il fond fur l'ennemi couvert par des tranchées;
Tout cède; des mourans les campagnes jonchées
Laiffent un libre cours aux vainqueurs empreffés;
Les Ottomans confus font pris ou difperfés.
Long-temps le vieux Vifir tint par fa réfiftance
Le fort des deux États en égale balance;
De fes nobles deffeins les beaux commencemens
Furent mal fecondés par les événemens;
Le Germain couronné des mains de la Victoire,

En emporta lui feul l'avantage & la gloire.
Ah ! fi jamais, Eugène, un de tes hauts projets
Aux yeux d'un guerrier fage annonça des fuccès,
Ce fut près de Luzare, où tes foins & ta rufe
Ont préparé le piège au François qui s'abufe.
Te dérobant, tu pars, & plus prompt que l'éclair,
Des digues du Zero, ton camp eft à couvert:
A ces bords dangereux, fans nulle défiance,
Vendôme conduifoit les guerriers de la France.
Eugène attend l'inftant que le foldat mutin
Sorte du camp. François pour courir au butin ;
Pendant tout ce défordre il veut par la furprife
Fixer en fa faveur la fortune indécife.
Quel fut l'effet d'un plan fi bien imaginé ?
Un François curieux, par la digue borné,
Y monte fans deffein ; il voit dans la campagne
Eugène & fes héros vengeurs de l'Allemagne :
Il vole en rapporter la nouvelle en fon camp ;
Bientôt on fe raffemble, on combat fur le champ :
Eugène fut battu. Tel eft le fort des armes.

 Dans ce métier fi dur, & pourtant plein de charmes,
Souvent un rien peut nuire, & dérober le fruit
Du plus favant deffein prefqu'à fa fin conduit.
Eugène l'éprouva lorfqu'il furprit Crémone ;
Par un canal fecret que ne connoît perfonne,
Il entre dans la ville, il borde le rempart.
On l'en croit déjà maître. Admirez le hafard :
Un Irlandois actif, qui veilloit pour la France,
Accourt auprès du Pô, prépare fa défenfe ;
La garnifon l'apprend, tout fe joint à fon corps,
On combat, on repouffe, on redouble d'efforts ;
Le François enhardi, que le fort favorife,

Force enfin le héros d'abandonner sa prise...
Le hasard rit ainsi de l'orgueil des humains,
En se jouant, dérange & confond leurs desseins ;
Injuste dans ses choix, capricieux, volage,
Il sert le téméraire & se refuse au sage.
En vain de l'avenir l'esprit est occupé :
Quel homme à son destin jamais est échappé ?
Il est bien des malheurs qu'un insensé s'attire ;
Bornons-nous aux revers qu'on ne sauroit prédire.
   Marlborough, que l'Anglois a si bien désigné,
Qui livrant des combats les avoit tous gagnés,
Qui n'assiégea jamais de place sans la prendre,
Libérateur du Rhin, conquérant de la Flandre,
Marlborough, le héros, l'ame du parlement,
S'est vu précipiter par Madame Massan,
Qui d'Anne jusqu'alors suivante peu connue,
Anima contre lui la Reine prévenue ;
Cette intrigue de cour pour un frivole objet
De vingt rois alliés dérangea le projet.
Vous parlerai-je encor de la flotte invincible,
De ce grand armement, formidable & terrible,
Dont l'immense appareil couvrant le sein des mers,
Aux Bretons d'un tyran alloit porter des fers ?
L'Angleterre frémit & parut confondue :
Un grain de vent s'élève, & la flotte est perdue.
   Mais où vit-on jamais plus de calamités,
L'enchaînement fatal de plus d'adversités,
Qu'en fournit des Stuarts la malheureuse histoire ?
J'en rappelle à regret la sanglante mémoire.
Ces peuples descendus des Pictes indomptés,
Contre leurs souverains sourdement irrités,
A l'abri de leurs loix ont exilé leur Reine :

Auprès d'Élifabeth, Marie a fui leur haine :
Elle y cherche un afile, elle y trouve un cachot,
Et l'Anglois, fon vengeur, la traîne à l'échafaud.
Mais après fon trépas, à fa famille illuftre,
Le trône des Bretons rendit fon premier luftre ;
Ce théâtre fanglant, entouré de dangers,
Lui laiffa du bonheur, des momens paffagers.
 Aux tranfports turbulens d'un peuple fanatique,
On voit Charle oppofer fa foible politique ;
Il trouve un ennemi cruel & factieux,
Profond, entreprenant, fage, artificieux,
Qu'aucun travail n'abat, qu'aucun danger n'étonne,
Qui d'un bras téméraire ofe faper le trône,
Abufe le vulgaire, écrafe le puiffant,
Et couvre fes forfaits du nom du Dieu vivant.
Cromwel de tous côtés ayant tendu fes pièges,
Dans le fang de fon Roi teint fes bras facrilèges,
Et Charle fouffre enfin, pour comble d'attentats,
Un fupplice inouï, digne des fcélérats.
Ainfi finit ce prince, exemple mémorable,
Que la grandeur mondaine, un rang fi refpectable
Ne garantiffent point contre un dur afcendant.
Bientôt Jacques-Second, plus foible & moins prudent,
Tremblant, déconcerté par fa fille & fon gendre,
De ce trône fanglant fut contraint de defcendre.
Et ce jeune Édouard que nous avons tous vu,
Au rang de fes aïeux à demi parvenu,
En héros vagabond courir à fa ruine,
Prouve par fes deftins fa funefte origine.
 Sans aller parcourir l'hiftoire du levant,
Que ne dirai-je pas du fort du jeune Iwan ?
D'un monarque déjà pourfuivi dès l'enfance,

Une nuit renversa son trône & sa puissance;
Une femme tremblante, ivre de voluptés,
Rassemble des soldats à la hâte ameutés,
Enchaîne le monarque au sein de sa patrie,
Et le fait transporter captif en Sibérie.
Quels faits humilians pour l'orgueil des humains !
Que de vils instrumens ont d'étonnans destins !

J'ai souvent reconnu par mon expérience
Combien peu sert le fil de la vaine prudence.
Quand j'entrai dans le monde, en ma jeune saison,
Je dus tout au hasard & rien à la raison;
Ardent, présomptueux, je m'en souviens encore,
Je brûlois d'imiter des héros que j'honore :
Du centre des plaisirs & des bras du repos,
Sur les traces de Mars je volois aux travaux.
Un vieux Sertorius de l'école d'Eugène
Pour traverser mes vœux fut envoyé de Vienne;
Tout ce que peut fournir l'expérience & l'art,
Fut employé par lui pour fixer le hasard :
Dans ma sécurité Neuperg m'alloit surprendre :
J'ignorois ce qu'un sage étoit près d'entreprendre;
J'ignorois jusqu'aux lieux où s'assembloient ses corps,
Son approche, & sur-tout ses desseins, ses efforts;
Un transfuge arrivé découvrit le mystère.
On se prépare; on marche, on joint son adversaire,
La Victoire pour nous décida des combats.
La Fortune en ces temps accompagnoit mes pas;
Sous sa protection mon esprit devint sage;
Depuis, par son penchant inconstant & volage,
Désertant nos drapeaux, prompte à m'abandonner,
Chez Daun & sur ses camps nous la vîmes planer.
La perfide, en marquant sa barbare alégresse,

Perfécute à préfent ma prochaine vieilleffe ;
Les dangers, les écueils rempliffent mes chemins,
Et la plume & l'épée échappent de mes mains.
Vous avez vu, ma fœur, dans des jours que j'abhorre,
De l'audace & du crime infenfément éclore
Ce monftre politique, infolent, égaré,
De rapines, de fang, de meurtres altéré,
Qui réunit en lui tant d'intérêts contraires,
Qui raffemble en fes flancs d'éternels adverfaires,
Careffe avec fureur fes dangereux ferpens,
Prêt à fe déchirer, tient fa rage en fufpens,
Pour affurer ma chûte & preffer ma ruine.
Apprenez à préfent quelle eft fon origine,
Par combien de forfaits, des peuples ignorés,
L'enfer, de tant de rois a fait des conjurés.
Quel myftère odieux faut-il que je découvre ?
De Vienne à Pétersbourg, & de Stockholm au Louvre,
La fraude, l'impofture, & l'intrigue de cour,
Font fervir à leur but & la haine & l'amour,
L'Autrichien répand l'or & la calomnie :
Ce tyran, pour dompter la libre Germanie,
Flatte, éblouit, corrompt des rois mal confeillés,
De fes vrais ennemis fe fait des alliés.
Sa fière ambition, fa vengeance infernale,
Au fond de leur palais introduit la cabale.
D'un paifible automate on aigrit les efprits ;
Là, pleure une princeffe ; ici, des favoris.
Il communique ainfi fes fureurs politiques
Aux dociles efprits des princes pacifiques,
Qui fans s'appercevoir de leur égarement,
Vienne, de ta grandeur deviennent l'inftrument.

Je

Je ressens les effets du crime qui les lie;
C'est moi qui suis puni de leur vague folie;
Persécuté, vaincu, mon sort m'a fait la loi,
Ou de vivre en esclave, ou de mourir en roi.
C'est en vain que l'on pense éviter son naufrage!
L'homme a-t-il le pouvoir de conjurer l'orage?
Et comment détromper des princes aveuglés,
Par des fourbes chéris sans cesse ensorcelés?
Pouvois-je enfin gagner des maîtresses perfides,
Ou réchauffer le cœur de nos amis timides?
Pouvoit-on présager que jamais les humains
Verroient marcher ensemble & François & Germains,
Et Russes & Suédois, tous étouffant leurs haines,
Réunis & d'accord pour me charger de chaînes?
Que l'Empire entraîné par ce fougueux torrent,
Contre son protecteur s'armât pour son tyran?

 Mais quittons ces faux Dieux qui font gémir la terre,
Retournons aux hasards que j'éprouve à la guerre;
De nos fleuves germains tous les bords sont couverts
De peuples rassemblés des bouts de l'univers.
A leur nombre accablant il faut que je m'oppose;
Si je couvre un pays, c'est l'autre que j'expose:
Je vole à l'ennemi le plus audacieux,
Je l'atteins, une voix m'appelle en d'autres lieux.
Luttant de tous côtés contre une hydre de princes,
Mon bras seul ne peut plus garantir nos provinces.
Tandis que mon État par eux est envahi,
Mes propres alliés m'ont lâchement trahi.
Ai-je pu, raffermir la vertu dans leurs ames?
Ai-je pu déchirer tant de pactes, de trames,
Qui les rendront un jour, loin d'accomplir leurs vœux,
L'opprobre & le mépris de nos derniers neveux?

Lorsque de tant de maux mon ame est oppressée,
Un démon des soldats dérange la pensée ;
Ce qui me paroît blanc, à leurs yeux paroît noir :
Leurs chefs aussi troublés n'ont plus des yeux pour voir ;
Un brouillard triste & sombre offusque leurs idées.
Je suis environné d'ames intimidées,
J'attise les lueurs de leur foible raison ;
J'oppose, mais en vain, l'antidote au poison.
Le nombre d'ennemis, le danger qui s'augmente,
Des revers tout récens accroissent l'épouvante.
Cependant l'ennemi remuant, inquiet,
Roule dans son esprit un dangereux projet.
Il faut ou le combattre, ou succomber sur l'heure ;
Il faut que d'un héros l'ame supérieure
Donne l'exemple en tout, du dernier au premier.
Ainsi, près de l'Euphrate un antique palmier
Élève les rameaux de sa superbe tête,
Brave, sans s'ébranler, l'assaut de la tempête,
Tandis que l'aquilon au bord des vives eaux
Courbe les tendres joncs & brise les roseaux :
Mais ces roseaux, ma sœur, de nos combats décident,
Et que peut l'officier quand leurs cœurs s'intimident ?..
Ainsi, dans les palais, ou dans les champs de Mars,
En ce monde maudit il n'est que des hasards.
Malgré tous les calculs qui règlent sa conduite,
L'orgueilleuse raison se trouve enfin réduite
A confesser ici que l'homme en tout borné,
Suit le torrent du sort dont il est entraîné.
Mais à quoi, dira-t-on, peut servir la prudence,
Si ses secours sont vains, ses efforts sans puissance ?
Autant nous vaudroit-il dans nos jours mal ourdis,
En secouant son joug agir en étourdis.

La prudence n'est point, il est vrai, panacée
Qui chasse tous les maux dont l'ame est oppressée ;
Son art ne s'étend pas à rendre l'homme heureux,
Mais à calmer nos maux, à modérer nos vœux.
Elle cède aux rigueurs du fort qui se soulève ;
C'est un fil qui conduit, mais ce n'est pas un glaive
Propre à trancher les nœuds de la difficulté.
De tant d'écueils où l'homme auroit été jeté,
Des maux qu'on apperçoit son secours nous préserve ;
Sa circonspection qui veille, & nous conserve
A travers les dangers d'un pas prémédité,
Nous guide, entre la crainte & la témérité ;
Par une route étroite aux humains peu commune.
Souvent sa patience a lassé la fortune.
Elle attend tout du temps, mais sans le prévenir,
Et jamais son orgueil ne régla l'avenir...
Laissons donc le destin dans ses demeures sombres,
Nous voiler ses arrêts d'impénétrables ombres ;
En souffrant les revers, sans en être abattu,
Il faut s'envelopper, ma sœur, dans sa vertu.

A O. Pretschendorf, le 7 Janvier 1766.

AU MARQUIS D'ARGENS,

Sur des louanges qu'il donnoit au Roi.

Non, jamais courtisan au langage flatteur,
N'a d'un encens plus fin su nourrir son idole,
Que vous, qui prodiguez à votre serviteur
Un parfum qui pour lui ne vaut pas une obole.
    Je ne suis plus, Marquis, frais de l'école,

Ni dans ce bel âge enchanteur
Où notre ame ingénue, encor novice & folle,
Avale avidement un poifon féducteur.
  La louange eft une vapeur
Qui devant le bon fens fe diffipe & s'envole;
La vérité févère, à l'œil plein de rigueur,
Se montre à mes regards, & pourfuit de l'erreur
  Un fantôme aimable & frivole,
Que l'amour-propre allâite & forme dans mon cœur.
Elle m'offre un miroir où, lorfque je m'y mire,
Je puis de mes défauts compofer la fatyre;
   J'y vois avec étonnement
Ce bonnet redouté que fur ma tête grife
  Avec fes deux mains lourdement
  A fait enfoncer la fottife.
Quel que foit mon penchant enclin à m'admirer,
Marquis, dans cet état je ne puis m'y livrer.
Ah! qu'il eft différent, au fein de la victoire,
Tout couvert de lauriers moiffonnés par la gloire,
D'avoir dompté, foumis des peuples belliqueux,
Ou d'être maltraité, chaffé, battu par eux.
Ce n'eft pas le chemin du temple de mémoire,
Mais bien de l'hôpital, ou d'un deftin affreux.
A mes foibles talens je fais rendre juftice;
Et dans ces jours de fang, dans ces temps orageux,
  Sans ceffe au bord du précipice,
  Mes malheurs me fervent d'indice
  De mon peu de capacité,
Et me font étouffer ma folle vanité.
Non, mon ame n'eft pas affez fière, affez haute,
Pour ne point avouer que fouvent par ma faute
  J'effuyai de cruels revers.

Sous mes pas incertains mes ennemis pervers
Ont à loisir creusé des gouffres, des abîmes.
J'eus l'art d'en éviter que je vis entr'ouverts ;
Mais l'honneur dont je suis les altières maximes,
M'a peut-être entraîné dans des piéges couverts.
Trop peu fait pour goûter un remède timide,
J'ai su lui préférer un conseil généreux :
  En le prenant toujours pour guide
  Il me sembloit moins odieux,
  S'il falloit être malheureux
  Sous le bras qui me persécute,
Qu'une audace intrépide eût signalé ma chûte,
  Que de brûler à petit feu.
  Rien de parfait en notre espèce :
  Certain démon qui nous opprèsse ;
  Par un assemblage fatal
En nous a réuni le bien avec le mal,
Le vice à la vertu, l'orgueil à la foiblesse,
  Et la folie à la sagesse.
  De ce bizarre composé
  Je suis pétri, je le confesse ;
  Mais je n'ai point la petitesse
  De m'en sentir désabusé.
  Contentons-nous de ce mélange
Auquel notre destin, Marquis, nous a réduits :
L'homme tient de la brute & tant soit peu de l'ange,
De la clarté du jour & de l'ombre des nuits.
  Par charité pour mes ennuis,
  Épargnez-moi toute louange,
  Et prenez-moi tel que je suis.

De Freyberg, ce 20 de Mars 1760.

A VOLTAIRE,

Sur la paix.

PEUPLE charmant, aimables fous,
Qui parlez de la paix fans fonger à la faire,
    A la fin donc réfolvez-vous :
    Avec la Pruffe & l'Angleterre,
    Voulez-vous la paix ou la guerre ?
Si Neptune fur mer vous a porté des coups,
L'efprit plein de vengeance & le cœur en courroux,
Vous formez le projet de fubjuguer la terre ;
    Votre bras s'arme du tonnerre.
Hélas ! tout, je le vois, eft à craindre pour nous :
    Votre milice eft invincible,
De vos héros fameux le dieu Mars eft jaloux,
    La fougue françoife eft terrible,
Et je crois déjà voir, car la chofe eft plaufible,
Vos ennemis vaincus tremblant à vos genoux.
Mais je crains beaucoup plus votre rare prudence,
    Qui par un fortuné deftin,
A du fouffle d'Éole, utile à la finance,
Abondamment enflé les outres de Bertin.

Vous parlez à votre aife de cette cruelle guerre. Sans doute les contributions que votre feigneurie de Ferney donne à la France nourriffent la conftance des miniftres à la prolonger. Refufez vos fubfides au très-Chrétien, & la paix s'en fuivra. Quant aux propofitions de paix dont vous parlez, je les trouve si extravagantes, que je les assigne aux habitans des petites maisons, qui seront dignes d'y répondre. Que dirai-je de vos ministres?

Ou ces géans sont fous, ou ces géans sont dieux.

Ils peuvent s'attendre de ma part que je me défendrai en désespéré : le hasard décidera du reste.

De cette affreuse tragédie,
Vous jugez en repos parmi les spectateurs,
Et sifflez en secret la pièce & les acteurs ;
Mais de vos beaux esprits la cervelle étourdie
En a joué la parodie :
Vous imitez les rois, car vos fameux auteurs
De se persécuter ont tous la maladie.
Nos funestes débats font répandre des pleurs,
Quand vos poétiques fureurs
Au public né moqueur donnent la comédie.
Si Minerve de nos exploits
Et des vôtres un jour faisoit un juste choix,
Elle préféreroit, & j'ose le prédire,
Aux fous qui font pleurer les peuples & les rois,
Les insensés qui les font rire.

Je vous ferai payer jusqu'au dernier sou, pour que Louis du moulin ait de quoi me faire la guerre. Ajoutez dixième au vingtième, mettez des capitations nouvelles, créez des charges pour avoir de l'argent : faites en un mot ce que vous voudrez. Nonobstant tous vos efforts, vous n'aurez la paix signée de mes mains qu'à des conditions honorables

à ma nation. Vos gens bouffis de vanité & de sottise peuvent compter sur ces paroles sacramentales :
Cet oracle est plus sûr que celui de Chalcas.

Adieu, vivez heureux. Et tandis que vous faites tous vos efforts pour détruire la Prusse, pensez que personne ne l'a jamais moins mérité que moi, ni de vous, ni de vos François.

De Freyberg, ce 20 de Mars 1760.

AU MARQUIS D'ARGENS,

Sur l'édition qu'il envoya au Roi des Poésies de Sans-Souci.

GRAND merci, Marquis, de mon drame,
Que malgré Néaulme (*) & sa femme
Vous vous pressez de publier,
Et si la calomnie infame
Se complaît à me décrier,
Si chez le Russe on me diffame,
Voss (**) pourra me justifier.
Croyez que moi tout le premier,
En père courroucé je blâme
Ces vers qui me font sommeiller.
Le curieux qui les réclame,
Pestera dans le fond de l'ame

(*) Libraire d'Amsterdam.
(**) Libraire de Berlin qui réimprima l'ouvrage.

Du prix qu'il en faudra payer.
J'entends des censeurs aboyer,
Et d'une mordante épigramme
Cruellement m'humilier.
Ah ! ma disgracieuse veine,
Voilà donc comme ils paient la peine
Que tu pris de les ennuyer.
 Un rimeur qui semble avoir l'asthme,
Et ployant toujours sous le faix,
Sans vigueur, sans enthousiasme,
Glacé dans ses plus forts accès,
Expire aux cris de l'ironie,
Et le public qui le dénie,
Enterre son nom pour jamais.
A son convoi, sous des cyprès,
Des brocards la cacophonie,
Vient se joindre à la compagnie
Des trop tardifs & vains regrets.
Alors ses malheureux ouvrages,
Étalés au coin des marchés,
Ont à souffrir tous les outrages
A ceux de Pradon reprochés.
Élevez donc un cénotaphe
A mes écrits infortunés,
Véridique historiographe ;
Tracez-y ces mots mieux tournés
Qu'ils ne sont dans cette épitaphe :
» Ci-gissent (d'Argens le Paraphe)
» Ces vers, morts le jour qu'ils sont nés. »

De 1760.

A LA PRINCESSE AMÉLIE,

Sur une négociation de paix qui échoua.

Volez, mes vers, à Magdebourg,
Allez chez ma sœur pour lui dire
Qu'enfin de sa troisième Hégire (*)
Nous atteignons le dernier jour.
Ce fier triumvirat qui vouloit me proscrire,
Paroît agonisant, & sa fureur expire.
Du très-Chrétien battu les guerriers affoiblis,
Revenus d'un profond délire,
Ne feront plus flotter les lis
Parmi les aigles de l'Empire.
Mais après leur défection,
L'orgueil, l'acharnement, l'extrême ambition
Dont brûle l'implacable Reine,
Le formidable apprêt joint au puissant effort
De la souveraine du nord,
Feront encor rougir l'arène
D'un sang dont leur rage inhumaine
Voudroit désaltérer l'insatiable Mort.
Ainsi nos vœux fervens ont adouci le sort!
Jouet des aquilons & des fureurs de l'onde,
Dans peu notre nef vagabonde
Sur les flots appaisés pourra voguer au port.
Mais qu'il en coûtera de travaux cette année,

(*) Fuite de Mahomet de la Mecque. Pendant la guerre la cour se retira trois fois de Berlin à Magdebourg.

Avant d'avoir atteint cette heureufe journée,
Où la paix amenant la joie & les plaifirs,
Arrêtera le cours des pleurs & des foupirs !
   Courez , volez , heures trop lentes,
Surpaffez , s'il fe peut , mes rapides défirs;
Conduifez fur nos bords ces déités charmantes,
    Les Mufes, Minerve & Thémis.
Que Mars au front d'airain de ſes flèches fanglantes
    N'atteigne que nos ennemis,
    Et que nos demeures riantes
    Dans leurs retraites innocentes
Nous raffemblent enfin avec tous nos amis.
Alors loin de ces champs que Bellone défole,
    Au bout de mon pénible rôle,
Déteftant ce théâtre où fouvent j'ai monté,
    Et fouvent mal repréfenté
D'un tragique héros le faftueux fymbole,
    Je pourrai vivre en liberté,
    Sacrifiant avec gaîté
    Au bonheur d'un peuple frivole,
    L'ambition cruelle & folle,
    Et l'ennuyeufe gravité.

De Meiffen 1760.

ÉPITRE
AU MARQUIS D'ARGENS.

En lui envoyant les Lettres de Phiphihu que le Roi avoit composées : elles contiennent une satyre du Pape, qui avoit envoyé au Maréchal Daun une toque & une épée bénites.

MARQUIS, je vais fur vos brifées,
 Tantôt Suiffe (*), tantôt Chinois,
Je refte incognito fous ces formes ufées,
 Débitant mes billevefées
 Contre ces potentats fournois,
 Gens durs & de mauvais alois.
Je révèle au public, me cachant fous un mafque,
La honte d'un pontife & les crimes des rois,
Que ma plume en jouant, par un travers fantafque,
Avec ménagement perfifle quelquefois.
 Je fais flèche de tous les bois.
Puifque mon fer s'émouffe, il faut bien que ma plume
Me venge des affronts dont l'ennui me confume,
 Et verfe felon fon pouvoir
 Les flots de la plaifanterie,
 Et d'une modefte ironie,
 Sur le Saint-Père, unique efpoir
 De l'augufte & fière héroïne
Qui refpire le fang & trame ma ruine ;

(*) Il avoit paru des Lettres d'un Suiffe dans lefquelles le Roi développoit la politique de la cour de Vienne.

Sur la cour ennemie & le cœur traître & noir
  D'une princesse à haute mine,
Que dans le fond du nord où sa grandeur domine,
  Jadis Algarotti fut voir ;
Sur ce prêtre insensé qui contre moi fulmine
  L'anathême matin & soir,
  Ayant au * * la cristalline,
  En main le sceptre & l'encensoir :
  Je l'avoûrai, ma conscience
Voudroit qu'avec plus d'indulgence
Je pardonnasse en bon chrétien
De tant d'affronts reçus l'irréparable offense.
  Non, je n'en vois pas le moyen ;
  On nous dit, & chacun le pense,
  Que le plaisir de la vengeance
Est un plaisir des Dieux, & pour le goûter bien
  Je suis en ce moment païen.
  Comment ! par respect pour le trône
  Nous faut-il laisser outrager,
  Et flatteurs rampans, ménager
  Ces avortons de Tisiphone,
  Ces rois qui n'épargnent personne,
Lorsque la force en main ils peuvent se venger ?
  Si j'avois du brillant génie
  Reçu le rare don du Ciel,
J'aurois plus finement su draper la manie
De ce tas d'écoliers, qui de Machiavel
  Ont fait leçon de perfidie ;
  Qui prêts à se canoniser,
  Avec un air de modestie,
  Ne parlent que de m'écraser.
  Mais après les Lettres Persannes,

Et les écrits d'un certain Juif, (*)
Le lecteur fort rébarbatif
Rira de mes œuvres profanes,
Et d'un regard un peu trop vif
Aux ongles connoiffant la bête,
J'ai trouvé, dira-t-il, dans l'écrit que l'on fête,
Au-lieu d'un maître, un apprentif.
Ah ! pauvre chantre d'Arcadie,
Ainfi tu te peinas en vain,
Pour imiter la mélodie
Du roffignol ou du ferin :
Tes airs en font la parodie.

A la Princeffe AMÉLIE qui avoit écrit au Roi qu'elle craignoit bien que la paix ne fe fît pas fi-tôt,

LORSQU'UN fils d'Apollon que fon démon lutine,
Dans le fort du travail embrouille étourdiment
Un fujet compliqué qu'au théâtre il deftine,
Son efprit, fatigué dans cet épuifement,
  Emprunte pour fon dénoûment
  Le fecours d'un dieu de machine.

(*) Les Lettres Juives, par le marquis d'Argens.

ÉPITRE.
Sur le printemps.

Enfin le triste hiver précipite ses pas,
Il fuit enveloppé de ses sombres frimats ;
Le soleil vient dorer le sommet des montagnes,
Ses rayons renaissans ont fondu les glaçons,
Les torrens argentins tombent dans les vallons,
Et leurs flots serpentant humectent les campagnes.
Les autans rigoureux, les fougueux aquilons,
Dans les antres du nord ont cherché leur asile.
Le printemps vient, tout rit ; le souffle des zéphirs
Rend le sein de la terre abondant & fertile,
Il ramène aux mortels la saison des plaisirs.
La nature aux abois, sans force & décrépite,
  Que je vois enfin qui s'agite,
  Que l'hiver tint pendant six mois
  Ensevelie & sous ses loix,
Triomphe du tombeau & d'un sommeil stupide,
  Comme l'insecte chrysalide
Ressort de son cocon plus brillant qu'autrefois.
  La jeune, la charmante Flore,
  Profitant de ces jours sereins,
  Incessamment va faire éclore
  Ses fleurs, l'ornement des jardins.
Les doux parfums de l'air, la chaleur, tout conspire
A ranimer l'essor de nos sens morfondus,
  A nous réunir aux élus,
  Sous le voluptueux empire
  Qu'étend sur tout ce qui respire.

Le preſtige enchanteur des charmes de Vénus.
 Déjà ſon feu divin inſpire
L'amour qu'en gazouillant expriment les oiſeaux ;
Elle échauffe l'inſtinct des habitans des eaux ;
Par elle le berger pour ſa Phyllis ſoupire,
Tandis qu'un même amour enflamme ſes troupeaux ;
Reine de la nature, elle amollit & touche
 Le cœur ſanguinaire & farouche
Des tigres, des lions, des cruels léopards ;
 Les accens de ſa belle bouche
 Ont ſu fléchir juſqu'au dieu Mars.
 Mais lorſque toute la nature
S'abandonne à l'inſtinct d'une volupté pure,
Que l'amour de ſes feux paroît tout ranimer,
 Que l'air retentit du murmure
 Des amans, qui ſous la verdure
 Chantent le doux plaiſir d'aimer ;
Un auſtère devoir m'ordonne de m'exclure
Des charmes enchanteurs que je viens de nommer.
 L'honneur parle, la gloire altière
 Va m'entraîner dans la carrière,
Où l'implacable Mars, au regard inhumain,
Parmi des tourbillons de flamme & de pouſſière,
Fait dans des flots de ſang rouler ſon char d'airain.
L'eſprit eſt occupé par des exploits rapides,
Il n'eſt plus là d'Amour, de Cinyre, ou d'Iris ;
 On ne voit que des Euménides,
 Parmi le meurtre & les débris,
Exciter, animer, par l'éclat de leurs cris,
Dans l'effort du combat ces guerriers homicides,
Du vif déſir de vaincre & de la gloire épris ;
 Et l'on n'apperçoit d'autre image

           Que

Que rapt, violence & carnage.
Tandis que l'univers ne paroît afpirer
 Qu'au noble emploi de réparer
 L'immenfe & mémorable perte
 Que l'efpèce humaine a foufferte,
Quand la nature enfin va par-tout s'occuper
 Du doux plaifir de reproduire,
Une fatale loi nous condamne à détruire
Tous ceux que Mars a tardé d'extirper.
 Eh quoi ! la nature féconde
Dans fa profufion n'a pu nous départir
 Qu'un moyen pour entrer au monde ;
 Il en eft cent pour en fortir.
Ne devrions-nous pas diminuer le nombre
De ces chemins femés de douleurs & de maux ?
 Mais l'homme atrabilaire & fombre
En invente avec foin chaque jour de nouveaux.
 Ah ! quelle fureur nous enivre,
Pour t'immoler, ô Mars, nos plus tendres défirs !
 Qu'il en coûte, ô gloire, à te fuivre !
 Nous avons deux momens à vivre,
 Qu'il en foit un pour les plaifirs.

De Freyberg, Avril 1760.

CONTE.

Les amours d'une Hollandoise & d'un Suisse, par correspondance.

Dans ces beaux jours où renaît la nature,
Où l'air pesant de ses frimats s'épure,
On voit éclore & fleurs & papillons,
Il naît aussi des Amours par millions.
Les uns sont gais, libertins & volages,
Les autres sont rêveurs & sérieux,
Ceux-ci hautains & tant soit peu sauvages,
Ceux-là plus vifs, ardens, impétueux,
Tracassiers, changeans, capricieux ;
Mais en faisant ces divers personnages,
Dans leurs esprits ils ont mêmes travers.
Défiez-vous de leurs doux gazouillages,
De leurs transports, de leurs sermens légers,
Que les zéphirs emportent dans les airs ;
Retenez bien, si vous m'en voulez croire,
Ce conte-ci, recueilli de mon temps
Dans les replis secrets de ma mémoire.
  Or cet Amour dont je vous fais l'histoire,
Vers le début de ce présent printemps,
Reçut le jour de grotesques parens ;
Il naquit donc chez une Hollandoise,
Folle d'orgueil, & qui se pâmoit d'aise,
Lorsque l'espoir de titres éclatans
Enfloit son cœur tout pêtri de fadaise...
Couchée un jour mollement sur sa chaise,

Soit vanité, soit par amufement,
Elle voulut se donner un amant,
Quoique fon cœur, felon la voix publique,
Fût réputé dans le pays flamand
Pour des plus froids, & même flegmatique:
Donc il avint que l'Amour qu'elle fit,
Très-reffemblant à fa mère, naquit
Plein d'intérêt, le cœur paralytique,
Digne par-là, fi l'on y réfléchit,
De devenir un jour grand politique.
Ce gros Amour néanmoins prétendit
De devenir le concurrent pudique
De Cupidon, nommé le Cythérique.
Voici comment notre balourd s'y prit:
Il jeta l'œil fur un honnête Suiffe;
Il fe flatta, fans trop fe fatiguer,
Qu'il pourroit bien au gré de fon caprice
Prendre d'affaut ce cœur encor novice.
Il le falloit de fort loin fubjuguer;
Il ne pouvoit préfenter à fa vue
De deux tetons les gentils boutonneaux
Toujours flottans, tantôt bas, tantôt hauts,
Sur le fatin d'une gorge charnue.
Il recourt donc alors très-à-propos
A ce bel art, qui peignant nos idées,
Les fait paffer par des mains affidées
Aux doux amans, ou bergers, ou héros.
La lettre vient, on la lit, que d'alarmes!
Elle difoit en ftyle gracieux:
„ J'ai des tréfors, ce font-là de vrais charmes;
„ Çà que l'on m'aime, & qu'on rende les armes. „

Huit fois par mois ces aimables poulets
Venoient d'Utrecht à Freyberg par exprès,
Pour rendre un Suiffe amoureux & fidèle.
Le pauvre Suiffe, affez mal en fequins,
Pour ce métal fe fentant quelque zèle,
Auroit voulu foupirer pour la belle;
Mais comme on fait qu'ici-bas les deftins
De toute chofe ont difpofé la courfe,
Notre bon Suiffe, imbu de projets vains,
Ne fe fentit épris que de la bourfe;
Pour elle enfin s'allumoit fon brafier.
L'Amour d'Utrecht, balourd & non forcier,
Ne favoit point le code de Cythère;
Il ignoroit que le grand art de plaire
A Cupidon valut plus d'un laurier.
Qu'arriva-t-il de l'affaire entamée ?
Le voici net, & le monde faura,
Ainfi par moi que par la renommée,
Que notre Suiffe affez froid demeura;
Le feu languit, la cendre s'affaiffa,
Tout s'éteignit, & parmi la fumée
L'Amour d'Utrecht dans les airs s'envola.
A tout Amour de pareil caractère,
Intéreffé, froid & fans paffion,
Du petit dieu très-difforme avorton,
Vénus dicta, pour l'honneur de Cythère,
Cette fentence équitable & févère :
» Quiconque aura léfé de Cupidon
» La majefté, pour fa punition,
» En qualité de fourbe & de fauffaire,
» N'atteindra pas à l'image légère

» Du vrai bonheur dont jouit à foifon
» Quiconque fert & l'Amour & fa mère.
» Si cependant par rufe, le félon
» Entrelaffoit les nœuds du mariage,
» Le jour d'hymen fera pour le frippon
» Le premier jour d'éternel cocuage.

A Freyberg. Avril 1760.

A VOLTAIRE,

Qui avoit fait un compliment flatteur au Roi fur des vers qu'il lui avoit envoyés.

DE l'art de Céfar & du vôtre
J'étois trop amoureux dans ma jeune faifon;
Mais je vois au flambeau qu'allume ma raifon.
Que j'ai mal réuffi dans l'un comme dans l'autre.
Depuis ce grand Romain qu'on ofa maffacrer,
Dans les noms que l'hiftoire eut foin de confacrer,
Il n'en eft prefqu'aucun, en exceptant Turenne,
   Condé, Guftave-Adolphe, Eugène,
   Que l'on ofe lui comparer.
   Sur le Parnaffe, après Virgile,
   Je trouve fur dix-fept cents ans,
   Que le génie humain ftérile
   Fut dépourvu de grands talens.
Si le Taffe depuis réuffit à nous plaire,
   Par les beaux détails de fes chants,
   Sa fable mal ourdie altère

Tout l'éclat de ses traits brillans.
Enfin le seul digne adversaire
Qu'au cygne de Mantoue on ait droit d'opposer,
On va le deviner, je me le persuade,
C'est l'auteur que la Henriade
Mérita d'immortaliser.
Pour moi je me renferme en mes justes limites,
Et loin de me flatter d'atteindre en mon chemin
Au talent du poëte & du héros Romain,
Je borne mes foibles mérites
Aux soins de secourir la veuve & l'orphelin.

EPITRE
AU MARQUIS D'ARGENS,
Ecrite du camp de Meissen en Mai 1760.

De notre camp de porcelaine,
Au fidèle & bon citadin
Des murs antiques de Berlin,
Salut & santé souveraine,
Paix & tranquillité prochaine.
Or dites-nous, mon cher Marquis,
Que faites-vous & la Marquise,
Séquestrés dans votre taudis ?
Tous deux vivans ensevelis,
Redoutez-vous toujours la bise,
Et le perfide vent coulis,
Qui perce rideaux, & méprise
L'épais tissu de vos habits ?
Passez-vous les jours & les nuits,

Selon vos us & votre guise,
Sans sortir tous deux de vos lits ?
Ou bien commentez-vous ensemble
Quelque vieux philosophe Grec,
Ouvrage charmant, quoique sec,
Devant lequel l'imprimeur tremble
Et s'agenouille par respect ?
Mais non, mon esprit imagine,
Ou pour mieux dire, je devine
Le train de vos jours usité :
Je crois vous voir en votre chambre,
Où n'entra jamais odeur d'ambre,
Dans la flanelle empaqueté,
De pelisses emmaillotté,
Les pieds sur votre chaufferette,
Le bonnet de nuit sur les yeux,
Disserter avec le prophète
Sur le destin que nous apprête
L'obscure volonté des cieux.

 Moi, dont l'ame matérielle
N'a pas le don de s'exalter,
Je puis, sans vouloir empiéter
Sur votre diseur de nouvelle,
Vous en révéler aujourd'hui
D'aussi vraisemblables que lui.
Je les tire de ce grimoire
Que me donna ce vieux Dessau,
A l'œil fier, à moustache noire,
Magicien dès le berceau.
Voici ce que dit ce bon livre
Sur l'histoire de l'avenir ;

Gardez-vous bien de le honnir,
Ou bien malheur pourroit s'enfuivre :
De croyance il faut vous munir.
» Dès que l'ardente canicule
» Aura porté dans les cerveaux
» Ce feu pénétrant qui les brûle ;
» Alors les princes, les héros,
» Empreſſés ſur les pas d'Hercule,
» Aux combats iront à grands flots :
» Notez que d'iceux les plus ſots,
» De Pruſſe, d'Autriche & Ruſſie
» Acharnés ſur la Siléſie,
» Aux autres tourneront le dos. »
Si cependant je vous dois dire
Ce qui ſe paſſe dans mon cœur,
Tandis qu'en ce moment flatteur
Avec vous je m'efforce à rire,
Tout en badinant je ſoupire,
Et ſens le poids de mon malheur.
Plein de chagrin & de fureur
Je donne à tous les mille diables
Les cercles & leur empereur,
Les Ourſomanes exécrables,
Vos François, quoique plus aimables,
Avec leur Louis du moulin,
Ses miniſtres & ſa catin,
Madame & Monſieur le Dauphin,
Et la guerre & la politique.
Je confeſſe ſincérement
Que ce petit emportement
N'eſt point dans le goût du portique,

Et n'a point eu pour élément
L'impaſſibilité ſtoïque.
Mais j'aurois voulu voir Zénon,
Socrate & le divin Platon,
Contre trois femmes enragées
De hauteur, d'orgueil rengorgées,
Se débattre dans ce canton,
Et dans ces plaines ravagées
Eſſuyer ſur leur triſte front
Chaque jour un nouvel affront ;
Leur ſang-froid & leur patience,
Dans cette épreuve d'inſolence,
N'auroit pas long-temps tenu bon.
Et quand ç'auroit été Caton,
Dans ſon cœur rempli de ſouffrance
Il auroit ſenti, j'en réponds,
Les aiguillons de la vengeance.
Que peuvent les froides raiſons
Contre le cri de la nature ?
On s'aigrit à force d'injure,
Et ſelon mon opinion
On verra toute créature
Penſer de même que Timon.

 Voilà, Marquis, comme raiſonne
L'eſprit, ce ſophiſte éloquent :
Puis-je cacher par ce clinquant
La paſſion qui m'empoiſonne ?
Quoi qu'il en ſoit, en ce moment
Je puis eſpérer fermement
Que tout bon Chrétien me pardonne,
Et que Dieu, ſi doux, ſi clément,

En fera par clémence autant :
Vous fur-tout dont j'ambitionne,
Soit dans mon camp, foit fur le trône,
Les fuffrages & l'agrément,
Vous m'abfoudrez tout doucement
De ce péché que la Sorbonne,
Même l'archange Gabriel,
S'il argumentoit en perfonne,
Trouveroit un péché véniel.

EPITRE
AU MARQUIS D'ARGENS,

Tandis que les Ruffes & les Autrichiens blo-
quoient le camp du Roi.

Le philofophe des Marquis,
Le Provençal le plus fidèle,
Ne m'a de deux grands mois tranfmis
Ni mot, ni billet, ni nouvelle.
Ce n'eft pas lui que je querelle,
Mais ce vil ramas de brigands,
Ces barbares qui tous les ans
Viennent au milieu de l'automne,
Des riches faveurs de Pomone
Dépouiller nos fertiles champs.
Comme un vafte & fombre nuage
Renferme en fes flancs ténébreux
La grêle, la flamme & l'orage,

Est devancé par le ravage
Des aquilons impétueux :
Ainsi cet essaim de barbares
De nos troupeaux, de nos trésors,
Pilleurs & ravisseurs avares,
En inondant ces tristes bords,
Ont été précédés des corps
De leurs Cosaques & Tartares,
Artisans de destruction,
D'horreur, de dévastation :
Ils ont enlevé pour prélude
Vos lettres & mon postillon.
   Bientôt leur vaste multitude,
Jointe à l'Autrichien Laudon,
Nous entoure avec promptitude ;
Tous leurs guerriers font un cordon.
Voilà notre camp qu'on assiège ;
L'Autrichien veut batailler,
Tout orgueilleux de son cortège ;
Le Russe craint de ferrailler.
Mais le Dieu de l'intelligence,
Qui n'entre point dans les conseils
De ces gens à Thrason (*) pareils,
Nous fit trouver dans la constance
Notre rempart, notre assurance,
Et non dans de grands appareils.
   La méfiante vigilance,
Tous les matins, au trait vermeil
Que dardoit la naissante Aurore,

(*) Brave de Térence.

De nos yeux tout prêts à se clore
Chassoit les pavots du sommeil.
Et Mars qui selon sa coutume
Se rit d'un catarre ou d'un rhume,
Gagné dans ses champs périlleux,
Au-lieu de la douillette plume,
Nous fournit des lits plus pompeux,
Que n'ont les courtisans oiseux,
Qui dans la mollesse, à Versailles,
En étourdis, de nos batailles
Se font les juges sourcilleux.

Une colline en batterie,
Monument de notre industrie,
Fut notre somptueux palais,
Et des javelles que sans frais
Amassoit une main guerrière,
Nous offroient leur douce litière;
La terre portoit notre faix,
Et des cieux l'immense carrière
De notre lit formoit le dais:
Là, quinze jours, & plus encore,
Nous vîmes la naissante Aurore
A sa toilette le matin.
De vermillon hausser son teint,
Se parer de ses émeraudes,
De ses rubis, montés aux modes,
Qui de Paris vont à Berlin.
De même vers le crépuscule,
Tant que dura la canicule,
On nous vit, sans nous relâcher,
Assister au petit coucher
De Phébus, qui chez Amphitrite

Toutes les nuits fait sa visite.
Enfin par un heureux hasard,
Ou bien quel qu'en soit le principe,
Des bataillons l'épais brouillard
En moins d'un clin-d'œil se dissipe.
Où sont ces hommes qu'ont vomis
Les bords glacés du Tanaïs,
Les marais empestés du Phase,
Ou les cavernes du Caucase ?
Je n'apperçois plus d'ennemis.
Non, non, ils n'ont point de scrupule;
Ils vont fuyant vers la Vistule,
Pour cacher la honte & l'affront
Dont on a fait rougir leur front :
Qu'ils retournent dans leur repaire,
Chez les farouches animaux,
Et qu'ils déchargent leur colère
Sur cette engeance sanguinaire,
De tigres, d'ours, de lionceaux.
Pour Laudon, ce vaillant Achille,
Qui traite à présent d'imbécille
Ce Daun qu'il méprise & honnit,
Et que le Saint-Père bénît;
Laudon & sa troupe dorée,
Et ses guerriers & ses archers,
Se font une belle foirée,
Blottis derrière un rocher,
Où nous n'irons pas les chercher.
Tels sont les gestes véridiques,
Les faits, les exploits héroïques
Qu'ont vus les champs silésiens
Et des Russes & des Prussiens.

Mais tandis que ma Muse accorte,
Très-fuccintement vous rapporte
Les prouesses de nos foldats,
Subitement devant ma porte
Arrive, avec un grand fracas,
Cette bavarde (*) à l'aîle prompte,
Qui fans refpirer vous raconte
Ce qu'elle fait ou ne fait pas,
Et qui répand à chaque pas
La gloire tout comme la honte
Des belles & des potentats.
Cette rapide Renommée
Dont l'homme le plus éventé,
Et le fage par vanité,
Convoitent tous deux la fumée,
Nous apprend par des bruits confus
Que Daun & Broglio font battus (**).
C'eft ainfi que le Ciel fe joue
De ce que l'homme croit prévoir;
Ce plan où fe fondoit l'efpoir
Que la grande alliance avoue,
Et que Laudon fans s'arrêter
Contre nous dut exécuter,
Ce plan dans un moment échoue.
Ceci me rappelle, Marquis,
La montagne de la Fontaine,
Qui hurlant & jetant des cris,
Du travail d'enfanter en peine,
N'accoucha que d'une fouris.

(*) Fauffe nouvelle.
(**) Cela étoit faux

Gazette Militaire.

Dans ce moment, de grand matin,
Nous apprenons par le Sarmate
Qu'un de nos héros, nommé Plate,
Vient de donner un coup de patte
Au Moscovite Butturlin.
Il a pris un gros magasin
Et deux mille hommes à Koblin;
Mais, ce qui passe la croyance,
Et fâche la Russe Excellence,
Ce sont cinq mille chariots,
Tous bien chargés par prévoyance
Du butin que fit ce héros.
Oh, que la guerre est impolie !
 De plus, voici ce qu'on apprend:
Qu'une cité très-bien munie,
Capitale de Posnanie,
Par un bonheur tout aussi grand,
Signale le bras triomphant
Du vainqueur du peuple Gursoman.
Neuf bataillons portent nos chaînes,
Et ce Butturlin si rétif,
Ardent dévastateur de plaines,
Chez le Sarmate fugitif
Se cache pour pleurer ses peines.
Ainsi, bonnes gens de Berlin,
Ne craignez plus pour cette automne
Les maux que vous feroit Bellone
Sous la forme de Butturlin.
Pour éviter votre ruine,

Nous avons eu l'art de traiter
D'une alliance à la sourdine
Avec Madame la Famine ;
Lorsque sur elle on peut compter,
Jusqu'aux ours tout peut se dompter.
Ah ! puissent-ils dans la Mer-Noire
Tous ces fâcheux, tout d'un plein saut,
La tête en bas, le cul en haut
S'abîmer eux & leur mémoire !

      Du camp de Bunzelwitz 1761.

TABLE DES MATIÈRES
DE L'ÉDITEUR.

Poésies adressées à Mr. Jordan; de l'armée, pendant les Campagnes de 1740, 1741, 1742, 1743 & 1744.
Page 1

POÉSIES VARIÉES.

Au Marquis d'Argens. Cette pièce est sur le mépris qu'on doit avoir pour les critiques. 95
Épitre au même, sur la prise de Schweidnitz. 96
Épitre au même, sur un rhume que lui guérissoit le Médecin Lieberkhun. 101
Épitre au même, sur ce rhume & le Médecin qui le tenoient au lit. 104
Épitre au même: le Roi le plaisante & l'engage à bannir les idées de malade imaginaire. 110
Épitre au Comte de Hoditz: elle est sur les agrémens de son habitation de Roswalde. 115
Épitre à la Reine douairière de Suède, Sœur du Roi. Cette pièce est sur les charmes de l'amitié. 118
Épitre à ma Sœur Amélie, en passant la nuit sous sa fenêtre, pour aller en Silésie. 121
Épitre à la Reine de Suède. Frédéric dit à sa Sœur que la félicité n'est point dans les grandeurs humaines, & lui rappelle les troubles qui la forcèrent de s'éloigner de ses États. 123
Épitre au Sieur Noël, Maître-d'Hôtel: elle est sur ses sublimes talens pour la Cuisine, &c. 128
A une Chienne. 132
Vers à Mademoiselle Schidley, qui avoit envoyé au Roi une Charrue Angloise. 133

Tome I. V

TABLE DES MATIÈRES.

A Voltaire. Cette pièce est sur ses grands talens. 135
A Voltaire, sur le même sujet. ibid.
A Voltaire, encore sur le même sujet. 136
Épître morale. 137
Épître à d'Alembert. Le Roi s'y plaint des Détracteurs de la Philosophie. 143
Au Baron de Pœllnitz, sur sa résurrection. 149
Épître à Mademoiselle de Knesebeck, sur le saut qu'elle fit de son carrosse quand ses chevaux prirent le mors aux dents. 153
Au Prince Fréderic de Brunswick. Le Roi y loue les qualités de ce Prince. 158.
Épître au Comte de Hoditz, sur sa mauvaise humeur de ce qu'il avoit 70 ans. 159
Ode à mon Frère Henri. Elle est relative à la Campagne de 1757; le Roi y excite le courage de ses guerriers. 165.
Ode au Prince Ferdinand de Brunswick, sur la retraite des François en 1758. 169
Ode aux Germains. Le Roi y rappelle ce peuple au patriotisme. 176
Ode au Prince héréditaire de Brunswick. Le Roi y fait l'éloge de la valeur de ce Prince & de ses grands sentimens. 183
A ma Sœur de Bareuth. Dans cette Épître, le Roi lui expose avec sensibilité les diverses causes de la guerre de sept ans. 190
Épître à ma Sœur Amélie, sur les cruautés de la guerre, sur leur amitié, &c. 197
Épître chagrine. Le Roi y fait mention du triste état où il se trouve en 1757. 200
Épître au Marquis d'Argens. Dégoûté de son sort rigoureux, le Roi dit adieux à la vie, dont il avoit dessein de se débarrasser, en 1757. 203
Vers d'un Poëte de Faillenbostel, sur l'invasion des François dans l'Électorat de Hanovre, en 1757; en Jérémiade, sur le traité de Closter-Seven. 210
Congé de l'Armée des Cercles & des Tonneliers. Ce sont les François qu'on appelloit ainsi, parce qu'ils avoient avec eux les troupes des Cercles, en 1757. 213

TABLE DES MATIÈRES.

Congé de l'Armée Impériale & du Maréchal Daun, après la bataille de Lissa, en 1757. 217

Au Sieur Geller. Cette pièce est sur le mérite littéraire. 218

Épître à Phyllis, faite pour l'usage d'un Suisse. Le Roi y compare la situation d'un amoureux tranquille auprès de sa maîtresse, avec l'état pénible d'un guerrier. 219

Aux écraseurs. Le Roi ne put digérer ce mot, dont la politique s'étoit servi à son égard : Mr. de Soubise avoit écrit en France, lorsqu'il marchoit à Rosbach, en 1757, qu'il alloit cueillir un bouquet pour la Dauphine : la pièce roule sur ce sujet. 222

Épître à ma Sœur de Bareuth. La fortune étant devenue très-favorable au Roi, en Décembre 1757, il en exprime sa joie à sa sœur, avec toute la chaleur de l'amitié & de la reconnoissance, qu'il lui conserva toujours. 224

Au Marquis d'Argens, que la peur des ennemis avoit déterminé à quitter Berlin, en 1758. 227

Épître à ma Sœur de Bareuth, sur sa maladie. C'est encore dans cette pièce qu'il est beau de voir comment les soupirs de l'amitié s'expriment quand elle est bien sentie. 229

A Milord Maréchal, sur la mort de son frère. Le Roi écrivit cette Épître en Décembre 1758, où il perdit sa Sœur de Bareuth qu'il chérissoit si tendrement : il s'en faut bien qu'elle soit oubliée dans cette pièce, malgré les argumens de consolation que Frédéric prodigue au Milord. 234

Épître au Marquis d'Argens. Elle est en réponse à une plainte du Marquis, de ce qu'il ne recevoit plus de poésie de Sa Majesté, qui lui dit, en jolis vers cependant, qu'il n'en sait plus faire. 242

Au Marquis d'Argens, sur ce que le Maréchal Daun avoit reculé de Torgau jusqu'à Dresde, en 1760. 247

Épître à Voltaire, qui vouloit négocier la paix. 250

Au Marquis d'Argens, sur ce qu'il avoit écrit qu'un homme s'érigeoit en prophète à Berlin, en 1760, & qu'il avoit déjà des sectateurs. 255

Sur la lecture du Salomon de Voltaire. 257

Épître à d'Alembert, sur ce qu'on avoit défendu l'Encyclopédie, & brûlé ses ouvrages en France. 258
Épitre à ma Sœur Amélie, sur le hasard, en 1760. 261
Épitre au Marquis d'Argens, sur des louanges qu'il donnoit au Roi, en 1760. 275
A Voltaire, sur la Paix, en 1760. 278
Au Marquis d'Argens, sur une édition furtive qu'il envoya au Roi de ses Poésies de Sans-Souci, en 1760. 280
A la Princesse Amélie, Sœur du Roi, sur une négociation de paix qui échoua, en 1760. 282
Épitre au Marquis d'Argens, en lui envoyant les Lettres de Phiphihu, que le Roi avoit composées, & qui contiennent une Satyre du Pape qui avoit envoyé au Maréchal Daun une toque & une épée bénites. 284
A la Princesse Amélie, qui craignoit que la paix ne se fit pas de si-tôt. 286
Épitre sur le Printemps, 1760. 287
Conte. Les Amours d'une Hollandoise & d'un Suisse, par correspondance, 1760. 290
A Voltaire, qui avoit fait un compliment au Roi, sur des vers qu'il lui avoit envoyés. 293
Épitre au Marquis d'Argens, écrite du camp de Meissen en Saxe, en 1760. 294
Épitre au même, tandis que les Russes & les Autrichiens bloquoient le camp du Roi à Bunzelwitz, en 1761. 298

www.ingramcontent.com/pod-product-compliance
Lightning Source LLC
Chambersburg PA
CBHW071346150426
43191CB00007B/859